P 267

RÉFLEXIONS

SUR LE

GÉNIE DE L'EUROPE.

RÉFLEXIONS

SUR LE

GÉNIE DE L'EUROPE.

DÉNOUEMENT DE LA GUERRE D'ORIENT.

LES LETTRES, LES ARTS, L'AGRICULTURE,
LA GRANDEUR DES PEUPLES,
ET LA PROSPÉRITÉ DES ÉTATS,

Par Pierre-Ulysse RESSEGUIER.

2 francs.

MONTPELLIER

IMPRIMERIE F. GELLY, 3, RUE ROUCHER.

1855.

INTRODUCTION.

Si le travail de réflexions que nous offrons au public ne peut être compté parmi les bons livres, nous nous estimerions pourtant heureux, que l'on y trouvât le sentiment du patriotisme, dont tout bon Français, et tout bon citoyen, des pays civilisés, doivent être animés, à propos de la crise des affaires d'Europe en Orient.

Les sacrifices divers, les dons nationaux, les tributs incessants et généreux, attestent les sympathies et les vœux universels de la France, des vrais et dignes États européens, pour le succès de la cause sainte de la civilisation et de la liberté, par l'anéantissement du Czarisme et du Moscovistisme barbares, et n'ayant jamais eu pour but que d'exterminer les Peuples, ravager les Etats, engloutir l'univers, et nager dans le sang.

Ce n'est donc que le sentiment patriotique universel, et que nous partageons de tout le brûlant de notre cœur, qui nous a porté à présenter ces courtes réflexions, où nous traitons encore des mœurs et de l'esprit des Peuples, au point de vue du progrès et de la liberté législative, tels qu'ils nous paraissent devoir être, ou tels qu'on les voit déjà; car, par les temps de crise et d'ébranlement, il est plutôt question d'actions et d'unanimité, que de discours et de discussions.

L'Europe ne manque pas de livres, puisqu'elle en est inondée, mais c'est le nombre des bons qu'il lui faudrait; mais pour en produire de tels, ce n'est pas seulement du passable, de l'excellent même qu'il s'agit, mais du sublime, du divin; or, pour ces précieuses et rares qualités, nous ne prétendons pas nous y élever.

Les bonnes lois, les bonnes mœurs, et l'éducation solide et nationale, voilà la sphère d'un brillant avenir. L'on est encore loin de ce degré désirable et satisfaisant d'amélioration sensible dans le sort des masses; de là, l'impossibilité de voir les hommes doués d'une absolue intégrité, et de mœurs toujours pures. Les discours des hommes, remarque l'auteur du supplément au *Contrat social* de Rousseau, sont excellents, mais leurs actes sont blâmables, leur conduite mauvaise, leurs actions coupables ; les plus justes des hommes ont commis des fautes.

Les Doctes, les Chefs et les Législateurs des Peuples n'ont qu'à réformer les lois, les mœurs, les institutions, et tout se redressera, se transformera de lui-même. Car, nous sommes pauvres humains entâchés de corruption et de vices, et fils du premier père, ou de son homonyme. Efforçons-nous donc de devenir les dignes fils de nos œuvres, afin de n'être pas un vil alliage, ou plutôt des lambeaux de l'humanité ; tout doit tendre désormais à épurer les éléments de l'avenir.

Enfin, c'est au public à juger si la double question des affaires d'Orient, de lagrandeur des Peuples et de la prospérité des États, dont nous abordons la solution, peut donner à ces réflexions, non-seulement l'intérêt de la circonstance, mais encore l'intérêt et le mérite d'un livre populaire, de quelque utilité, à toutes les époques, et dans toute situation. — Un peu de hardiesse d'invention ; voilà tout.

RÉFLEXIONS SUR LE GÉNIE DE L'EUROPE.

DÉNOUEMENT DE LA GUERRE D'ORIENT.

LIVRE PREMIER.

CONSIDÉRATIONS GÉNÉRALES.

I.

La formation des Sociétés, l'existence des Peuples se présentent sous un aspect merveilleux, et constituent la véritable histoire de l'humanité. Leurs travaux, leurs mouvements, empreints de prodiges d'actualité et de richesse d'avenir, signalent leur passage, majestueux ou lugubre, glorieux ou sanglant, à travers les siècles.... Les monuments, la grandeur ou les révolutions des empires, les fastes mémorables et retentissants, l'éclat des lettres, la rapidité du progrès et des arts, l'élan et l'impulsion du génie sont un vaste programme de questions éminemment sérieuses et profondes....

L'amour de l'ordre et du bien public, le triomphe des mœurs, de la civilisation, des libertés; les institutions sociales sacrées et seules légitimes, parce qu'elles sont justes; l'équilibre ou l'égalité même; principes les plus positifs, aussi grands, aussi saints, aussi antiques que le monde ou le genre humain lui-même, la majesté de la législation dans les États libres et florissants, leurs flammes de gloire se répandent comme un flot d'heureux tourbillons sur tous les points du globe!....

C'est l'invincible et sublime mouvement social, ou le brillant résultat d'une intelligence suprême et d'un profond génie !.... Ces puissants météores de civilisation, ces riches éléments, cet art sublime de liberté législative, d'esprit fondateur ou vrai droit de vie, sont uniquement l'ouvrage du penseur, du sage philosophe, des grands hommes.....

II.

Un pays ne fleurit, en effet, que par les lumières, l'économie politique, les sages libertés; un Peuple ne se constitue, ne brille enfin que par l'influence salutaire des mœurs et des lois, de l'illustration et de la philosophie. L'on n'a point à chercher ailleurs les causes de l'éclat des sociétés et de la prospérité des empires....

Il n'est ainsi nul pays au monde, nuls bords riants surtout, à la douce brise, aux parfums exquis, au sol riche et fertile, au beau climat d'azur et d'or, où le génie de l'homme et le mouvement civilisateur n'aient apparu dans leur vol.

Le sentiment, le besoin, les idées de sa conservation, l'impérieux instinct de colonisation et de nationalité, ont toujours opéré des prodiges sociaux. C'est par de tels feux d'action de puissance et de vie que les humains s'organisent en sociétés, s'instituent en Peuples législateurs ou hommes libres et moraux.

Plus ou moins heureux et énergiques, les Peuples prospèrent et brillent plus ou moins par les sciences et les arts, l'héroïsme et la guerre.

III.

Loin de nous toutefois l'idée d'appeler le bien au prix des violences et du sang ; nous repoussons de toute notre puissance d'énergie ces terribles moyens. — La guerre, en général, ne doit avoir lieu que pour le maintien de ses institutions, de sa nationalité, et pour le respect de celles d'autrui ; telle est l'intimité de nos convictions. — C'est sur cette logique de principes que se fonde légitimement la guerre des Turcs, des Anglais et des Français contre l'injuste et perfide Russie, à cause de l'envahissement par celle-ci de certaines provinces Turques, parties intégrantes de l'empire Ottoman.

C'est donc sur la grande et sérieuse question, dite d'Orient, sur la politique et les rapports des puissances européennes, sur le mouvement des idées, l'esprit des nations, et sur le parallèle des anciens et des modernes, que nous voulons principalement discourir.

IV.

Voilà quel est notre but, notre plan, ou le sujet de notre travail. Les simples proportions du cadre adopté par nous, sont un exposé rapide ou tableau des mœurs et de l'esprit des Peuples, et dont les déductions mènent naturellement à l'application des principes du droit des gens, du droit public, du droit de guerre, de conquête, de colonisation, de réforme, de traités, d'alliance confédérive, enfin, ou politique combinée, au point de vue de l'équilibre des Peuples et des États, lorsque le rapport international est rompu par quelque État injuste ou puissant.

La question des affaires d'Orient, dont la solution doit

consister dans ce rétablissement d'équilibre, est ici l'objet principal de la discussion, comme étude historique ; mais ces mœurs, cet esprit des Peuples, leurs droits respectifs, leurs devoirs mutuels et sacrés, leurs principes politiques que nous allons décrire, comparés à ceux de la haute antiquité, vont être présentés, aussi succintement que possible, par nos appréciations sur la grande révolution d'Orient, soulevée par la Russie, et sur son heureux dénouement, comme résultat du concours de la triple combinaison amie des Turcs, des Anglais et des Français magnanimes.

V.

Cet ouvrage est sans art, sans apprêt, bien qu'écrire soit un art. Mais cet art, tout orné, tout costumé qu'il apparaît, doit être naturel ; or, pour être naturel, nous avons dû écrire et classer ces réflexions comme elles se sont présentées, c'est-à-dire, d'après les inspirations accidentelles du moment.

Enfin, ces quelques aperçus de ce que doivent être universellement les mœurs, l'esprit des Peuples et des nations, dans les siècles futurs, ces légers détails d'actualité, ces conjectures sur leur chûte ou leur avenir, indiquent la réalisation d'unité fraternelle ou d'égalité qu'il s'agit d'obtenir, fondée nécessairement sur le progrès civilisateur et la liberté. — Si donc, l'Angleterre, la France, l'Inde libre américaine, se trouvent aujourd'hui les plus puissants empires du monde, c'est qu'elles sont les nations les plus près de cette liberté conditionnelle. — Le tout enfin se lie, se rattache soigneusement à la solution des affaires danubiennes, et à la liberté des Peuples. Mais avant d'aborder les développements généraux, nous devons ajouter un mot aux considérations que nous présentons d'abord, et préluder ainsi à ces développements divers ramenés insensiblement.

LE GÉNIE.

I.

Né libre, image de la Divinité, devenu social, l'homme franchit les routes, gravit les monts, dompte les mers, affronte le péril, brave le trépas. — Ces précieuses qualités le placent au sommet du niveau des êtres.

Méprisant la fatigue, militant contre les aspérités de sa noble tâche, l'homme apparait dans toute sa dignité. — Tout révèle en lui son naturel belliqueux, son énergie; il éclate de majesté; il brille des flammes de génie et de grandeur !

Lorsque l'homme civilisé, ce soldat protecteur et redoutable, le plus magnifique et divin chef-d'œuvre, semble, après la victoire, poser un moment les armes, ce n'est que pour jouir justement de son triomphe et de sa liberté, fruits les plus doux et les plus précieux de sa victoire, et pour se préparer à de nouveaux combats....

II.

A proprement parler, l'homme de cœur, les Peuples belliqueux, par raison et par justice, sont toujours armés pour leur indépendance, défendre leurs droits, leur liberté, les protéger chez autrui, veiller à la foi des traités, repousser l'agression, combattre avec succès l'injustice étrangère barbare,.... renverser tout mouvement liberticide ou attentatoire aux saintes lois des États. Ainsi, les triples combinés, les Anglais, les Français et les Turcs sont sur la brèche, c'est-à-dire, à la hauteur de la situation, et vont peser de tout leur poids conciliateur et victorieux sur le Russe orgueilleux et forcéné.

Sans entrer dans la discussion du droit de guerre, nous dirons seulement que les puissances belligérantes sont les unes, dans le tort ou la mauvaise foi ; les autres, dans la raison et la justice. — La perfidie est du côté du Tartare de Pétersbourg, comme on sait dans toute l'Europe et le monde, et comme on verra plus loin ; et le vrai droit ou la cause sainte et sacrée de la justice et de l'humanité du côté de la triple combinaison Anglo-Franco-Turque.

III.

Dans toute contrée malheureusement, on est souvent plus ou moins en guerre. Pareillement aux éléments en conflit, on méconnait le droit des gens, on viole les traités, comme fait le perfide Sarmate ; on se bat sans cesse. —L'injustice, ainsi qu'il vient d'être dit, d'un côté ; la résistance, l'équité, et la victoire tôt ou tard de l'autre....

Les spoliateurs des nations et du genre humain, dans leur insatiable et cannibale ambition, absorbent les États, voudraient engloutir l'univers !..... Tels ont été les Tarquin, les Catalina, dans Rome antique et célèbre ; tel est aujourd'hui le furieux Moscovite en Europe !... Mais un brigand n'est pas un héros !.....

Magistrat, citoyen, gouvernement ou Peuple, pour être heureux et puissant, il faut être libre, sage, éclairé ; or, les Peuples éclairés et sages sont donc le palladium de tous les intérêts, des garanties, et des libertés publiques. — Habiles dans les arts, les sciences, la guerre, les États au sentiment profond de justice, guidés par leurs lumières et la sagesse des principes d'égalité législative, sont d'un grand poids influent et moral dans la balance politique, et, par cette puissance d'ascendant et de liberté morale, les arbitres de l'équilibre des empires. Ils sauvent ainsi le globe des horreurs de l'extermination, d'une conflagration générale, et de la dernière consternation.

IV.

Si donc la barbarie et le vandalisme excercent trop souvent le meurtre et le pillage, incendient les villes, rasent les monuments, détruisent les chefs-d'œuvre de l'art ; si la fureur et le cortége des fléaux déciment l'espèce, marquent, comme l'ouragan leurs bonds, leur horrible passage, il est pourtant une chose divine impérissable, échappant à la destruction, une sorte enfin de saphir ou diamant des cieux, hors des atteintes insensées, sacrilèges, liberticides, et à couvert de la fureur des tyrans ; — c'est le génie !....

Ce pur et divin flambeau survit au fracas, au naufrage des Peuples et des temps, aux ébranlements des sociétés, aux ruines des empires.... Feu précieux et divin, ce bien magnifique immortel est le plus riche don de Dieu à l'homme, à l'univers, à l'humanité ; il est l'ancre de salut des États, le lustre et la dignité des Peuples, la solide grandeur !....

V.

L'instinct des nations, l'esprit fondateur, le sentiment religieux, les lettres, les arts, le progrès, le génie social, civilisateur, philosophique, ont un caractère éclatant d'immortalité !.... — Ce caractère admirable, ce feu céleste s'élance d'un pôle à l'autre, plane avec gloire et majesté dans l'atmosphère politique, comme un étincelant globe de flamme, et distingue éminemment l'Angleterre, la France et l'Inde unie d'Amérique....

Le génie est le père des arts et de l'industrie, le sentiment moral et conservateur, l'esprit d'association, la source de tout bien, le souffle divin des Peuples et des libertés, l'unique phare consolant et sûr. C'est un centre infini sans rayons ni circonférence, d'où dérivent toute force, toute puissance morale, et d'où découlent des torrents de biens. — Le génie, enfin, comme la divinité dont il émane, est tout ; et tout se concentre dans cet océan de liberté politique, morale, religieuse et philosophique ; les efforts des méchants sont impuissants contre ce ressort primitif, d'un ordre supérieur, irrésistible et divin !....

L'ANTIQUITÉ.

I.

Si les Peuples contemporains doivent de justes tributs d'admiration et d'hommage à quelque époque réellement méritoire, c'est sans contredit à l'antiquité. — Mœurs, cérémonies, traditions, habitudes, rigidité des Orientaux, se traduisent par leurs symboles hiéroglyphiques, langage expressif de leur croyance religieuse, dialecte emblématique de la nature par la nature même. — Les Indiens, les Chinois, les Persans, costumés de certaines tuniques ou longues robes passées avec art, se donnaient un aspect imposant, se sacraient d'un caractère religieux, prenaient un air auguste, revêtaient un ton de grandeur et de majesté !

Les Grecs, de plus, par la discipline et la guerre, étaient devenus les arbitres de l'Asie; les Romains, de même, par les armes, la vertu, l'incorruptibilité, la grandeur, s'étaient posés les maîtres du monde !... Classiques des arts, du génie, de la liberté, ces Peuples célèbres ont occupé le faîte de la magnificence et de la gloire, ou l'Olympe radieux de la civilisation.... Que d'éclat et de majesté ! — Leur touchant souvenir retentira dans tous les siècles! Gloire, prospérité, véritable grandeur, ont splendidement rayonné autour d'eux !!!

II.

Durant leurs beaux jours de gloire, planant sans rivalité sur les empires, comme l'aigle élancé dans les airs, les Grecs et les Romains sont les grands Peuples ayant resplendi de plus d'illustration.... Ces riches puissances, ces États florissants, après des phases, des prodiges, bien que les premiers du monde, ont pourtant péri !... Les vestiges, qui en restent encore, attestent, ainsi que l'histoire, leur ancienne splendeur !... Temples, colonnes, amphithéâtres, monuments divers mutilés ou debout !... Quel intéressant et sérieux sujet d'études pour les Peuples modernes, pour le savant, l'archéologue, le philosophe !

III.

Les sociétés, comme les individus, semblent n'être appelés qu'à un certain temps d'existence pour prendre ensuite fin... — Tel est le sort des États les mieux constitués; tel fut le destin de Tyr, de Palmyre, de Troie.

de Carthage, de Sparte, de Rome !!! Ces fameuses villes, ainsi qu'une foule d'autres, furent jadis le centre du commerce oriental et le siége d'empires puissants.... Le volcan destructeur a passé sur elles ! Il ne reste de la célèbre antiquité, pour tout signe monumental, que de lamentables et lugubres vestiges, l'aspect d'une désolation profonde, et le souvenir de leur gloire et de leur grandeur !... Le génie du progrès et des libertés d'un côté ; le soufle de la barbarie, de la destruction et du deuil de l'autre, contrastent sensiblement dans l'histoire des Peuples et de l'humanité.

IV.

Cependant, le génie social, les efforts énergiques et sublimes, les révolutions héroïques des Peuples sont incontestablement le mobile du progrès civilisateur, du triomphe, des principes et de la liberté.

Ainsi, constamment grave, autant que grand et fier, l'Empire Ottoman, à cette heure, brave dignement l'insulte et l'envahissement russes. Le pays des Croyants croit plus que jamais, malgré les revers, à l'auteur des choses, à son indépendance, à l'honneur national !... Il a foi dans son triomphe, dans l'avenir, dans le secours généreux et magnanime des Anglo-Français, dans les sympathies des vraies nations européennes amies ; il ne désespère pas de son salut. Le Musulman se montre dans son énergie sublime, dans tout son brûlant de divin transport, et lutte héroïquement contre l'ennemi, l'odieux moscovite, pour le succès de sa cause sainte, de celle de l'Europe ; pour les droits des Peuples, et la liberté des États ; pour le respect des principautés et l'intégralité de l'Empire.... Ses réformes religieuses ou politiques n'appartiennent qu'à lui !

V.

Dans une époque de génie, où les merveilles du siècle faisant l'admiration de l'univers, une nouvelle révolution de conquête dans les arts et les découvertes, le bateau à vapeur, les chemins de fer, les chemins atmosphériques et la télégraphie électrique, sont, par la rapidité des communications, sur le point d'établir de plus vastes rapports internationaux, de faire de tous les Peuples du monde un Peuple unique de frères, une même famille de nations amies, un banquet universel et commun, la grande famille sociétaire du genre humain, un seul État du Nord, où celui qui le représente, son chef, le Néron du siècle, le perfide Tibère moscovite, fidèle aux traditions de ses ancêtres, les barbares Normands, voudrait, dans ses tendances, arriver à l'asservissement de l'Europe, à la conquête universelle, à l'anéantissement du monde ! Ce cannibale brûlerait de broyer l'univers dans ses mains ensanglantées.....

Déjà, des ukases de sang sont fulminés par le Czarisme irrité de Pétersbourg, siége central de la mauvaise foi de la barbarie. L'Orient et l'Europe sont en conflagration, les Ottomans dans l'exaspération, les Peuples en mouvement, les Anglo-Français assurés de maîtriser l'orage et de dompter le Russe. Le despote Moscovite, en fureur, est l'ennemi du siècle et du génie. Il a osé concevoir et tenter le crime de lèze-droit des gens, celui de troubler la paix et le commerce de l'Europe et des Indes. Telle est la nature des ses attentats aux pays de l'Orient, aux Principautés turques, à la Turquie entière, et à l'Occident plus tard. Quel plaisir orgueilleux pour le Tartare de Pétersbourg, de pouvoir rêver, mais en vain, la possession des États de l'Europe et de l'Asie, l'empire universel, ou la terre et les mers.... Mais l'Occident et le Midi repousseront les incursions des soldats cosaques ; il y va du salut et de la paix des deux mondes. La liberté législative rendit toujours les Peuples célèbres ; elle peut seule ressusciter l'Europe : dans les États en proie aux horreurs du despotisme, il fera toujours nuit.

PRINCIPAUTÉS DANUBIENNES.

I.

Les Provinces assaillies d'abord, et subjuguées par la Russie, sont : la Moldavie, la Valachie et la Servie. Les vrais et dignes Européens n'ont pas dû souffrir cette usurpation inouïe !... Cet envahissement injuste et flagrant est un coup barbare et cruel porté à la Turquie, une menace à l'indépendance et à la liberté de l'Europe entière, et, plus tard, à sa ruine et sa chûte... La Turquie ne se laissera point ravir son rang parmi les États du continent.

La France et l'Angleterre brillent et s'illustrent ; mais ces deux nations puissantes sont sur le point de briller plus splendidement encore, de s'immortaliser même par leur protection et leur noble secours, envers les Principautés ottomanes, la Turquie entière, la malheureuse, l'héroïque Pologne, et autres États gémissant sous le joug du plus affreux despotisme, livrés à la sanguinaire politique du Czarisme moscovite.

L'empereur russe est le taureau d'airain, l'avide et l'insatiable Moloch du XIXe siècle, brûlant de tout détruire, tout absorber, tout engloutir !

II.

Dans ces temps, à la fois de désastre et de gloire, dans ces temps d'ébranlement, d'évènements majeurs et mémorables, surgis de la grande révolution d'Orient, le Peuple Anglais et le Peuple Français apparaissent sur la scène politique, comme une auréole de flamme. Ils se distinguent noblement dans les affaires d'Europe, comme autrefois les Dieux de l'Olympe, dans la guerre des Grecs et des Troyens, retracés par Homère. Ne méritent-ils pas la victoire, la palme triomphale, une entière liberté ?......

Chez de tels Peuples influents, déjà libres, commerçants, agricoles, belliqueux, la prospérité publique, une immensité de biens et d'opulence encombrent les magasins, l'abondance et la fortune coulent à plein bord, inondent les routes, constituent les ressources et les approvisionnements, ruissèlent enfin de toute part.... Il ne manque à ces premiers Peuples de la terre que d'arriver à la décentralisation, à de nouveaux progrès, un peu plus de liberté politique et morale, à la solution des affaires d'Orient, à celle qu'ils obtiennent en partie du problème généralement posé de l'organisation complète du travail, de l'extinction du paupérisme, de transformation entière des mœurs et de l'instruction publique,... et ces grands Peuples y arriveront, ainsi qu'à tout ce qui fut jamais de solide et d'éclatant !

CARACTÈRE DE LA QUESTION ORIENTALE, ou Révolution de l'Europe.

I.

Sans nous écarter de notre plan, nous observerons qu'il est une foule de questions qui demanderaient des volumes, des historiques ou traités à part; et, comme cette variété prodigieuse de questions n'est pas hors de notre sujet, nous nous permettrons d'en effleurer plusieurs en passant.

La passion, l'intérêt rehaussent ou dénigrent la nature des évènements politiques. Les affaires d'Orient sont des évènements ou faits mémorables qui seront qualifiés de révolution par l'histoire. La mauvaise foi présente toujours les choses du mauvais côté;..... mais la justice et l'énergie mettent la vérité dans tout son jour....

Or, le récit ou la description de l'existence d'un fait, tel que celui de l'Orient, est propre à instruire, et doit intéresser au plus haut point. Une agitation quelconque, un ébranlement profond, une révolution enfin n'offrent point le caractère d'un odieux qu'on s'efforce quelquefois en vain de donner aux attitudes de résistance ou d'offensive, à ces invincibles et brillants faits de grandeur et d'héroïsme; il n'y a rien là que de naturel, de pressant, d'inévitable; rien donc n'est plus urgent, plus légitime, plus héroïque, que la résistance à l'oppression, que les soulèvements, la majesté des révolutions, l'opposition de la force à la force, et du droit à l'astuce et à la mauvaise foi.

II.

Le christianisme lui-même ne fut-il pas une révolution,

un progrès civilisateur, un triomphe de la liberté morale et philosophique, sur l'ignorance, l'esclavage, le paganisme et la barbarie? Tous les systèmes politiques ou religieux qui l'ont précédé, ceux qui pourront le suivre avec gloire, que sont-ils ces faits-là, si non un cercle de grands événements, une continuité de révolutions reproduites modifiées ou neuves?.... Ces faits grandioses et poétiques encore une fois, recouverts du voile d'un sombre ou brillant avenir, aux profondeurs mystérieuses, incommensurables, ces événements du domaine de l'histoire, qui s'accomplissent sous nos yeux, ne sont-ils pas la révolution invincible, juste, éternelle de la nature, de l'humanité, des lettres, des arts, comme des Peuples, des empires, des temps et des siècles?... La triple révolution d'Orient tient de ce caractère et de ce lustre-là.... On voit l'univers tourner dans ce centre problématique et perpétuel ; le flambeau du jour éclaire les mondes et les globes, la terre se volcanise et se régénère, l'atmosphère se purifie et se ravive par la foudre et les éclairs, l'azur des cieux se colore d'un éclat plus vif.

III.

Le flot des Peuples et des nations disparaît ; un flot successeur est là !.. Les sociétés s'évanouissent et se renouvellent ; un empire s'élève sur les ruines d'un empire !... Heureux les peuples et les États qui, comme les Grecs et les Romains aux beaux jours de leur gloire, comme parmi les contemporains, les Français, les Anglais et les Américains, s'élèvent et se fondent sur les mœurs et la liberté !.. Sparte et Rome, ensevelies par le sort destructeur, sont sorties de leurs ruines et de la poussière des siècles, dans la nouvelle Europe, sous les noms de Londres et de Paris.

Les Sparte et Rome modernes ou Anglo-Françaises sont appelées à un plus haut degré de prospérité, de plus brillants destins, une plus grande gloire. On voit chez l'Anglo-Franc fleurir le sentiment religieux, l'indépendance des nations, la liberté des Peuples, comme les lettres et les arts, l'agriculture et le commerce ; Paris et Londres enflamment le pays ; l'Europe, le globe entier ! La religion et la liberté modernes, éclipseront le culte, atteindront à la liberté des Anciens.... Les Anglais et les Français, ces grands Peuples modernes, égalent les grands Peuples de l'héroïque antiquité, méritent le respect, le dévouement et l'amour du monde, le cœur et les hommages de la terre.. l'admiration de l'univers, les bénédictions du genre humain !!!

IV.

Souvent les institutions vieillissent, les mœurs dégénèrent, la décadence arrive par le malheur des temps ; mais, si les Peuples succombent, si les empires s'écroulent et s'abîment, si d'autres États et des Peuples nouveaux, plus ou moins heureux, libres et florissants, à leur place, s'élèvent et se fondent, ces faits mystérieux, ces grands évènements, ces révolutions invincibles, incessantes, ne s'opèrent pas toujours, sans laisser quelques traces profondes de furie et de désolation, de catastrophe et d'ébranlement...

Ainsi, par exemple, il n'est peut-être pas un point de globe qui ne possède sa triste célébrité de cendres et de ruines !..... L'Asie, la Grèce, l'Italie en Europe, et les Indes fument encore des atteintes du volcan destructeur et sanglant.... Ah ! si un jour, les divers Peuples de la terre, unis et rapprochés par leurs rapports amis ou alliés, pouvaient tous s'étreindre avec feu dans de mutuels embrassements..... Quel âge d'or !..... Que l'univers serait heureux !....... si, ne pouvant devenir une réalité, ce penser n'est que du séduisant, c'est du moins un rêve heureux, une brillante chimère....... Mais quoi !... ce rêve ne peut-il se réaliser ?.. Puisque des populations entières, des milliers d'hommes se sont associés et formés en Peuples ou États politiques, sous l'égide des lois, conventions volontaires ou libres d'égalité ; pourquoi ces Peuples, ces sociétés, quel que soit leur nombre, ne pourraient-ils pas s'unir, s'instituer librement, de la même manière, en société politique universelle, ou grande famille fraternelle des Peuples, du genre humain ?... On peut arriver un jour à cet heureux et divin résultat.... il serait préférable aux guerres, aux ruines, aux affreux systèmes de despotisme qui conduisent toujours à l'abime les gouvernements et les Peuples....

V.

Car, qu'elle fatalité !... Toujours la barbarie et la destruction !.. Sans cesse, le vandalisme incendiaire cosaque dans un siècle de civilisation et de lumières !... Le Russe désole, ravage l'Orient, menace l'Europe et le monde, veut tout réduire en cendres, régaler l'univers de ces horribles gentillesses, couvrir le globe de ruines, tout inonder de sang !...

De quoi donc ont servi des siècles d'efforts, de travaux, d'héroïsme ? Quel bras de fer veut tout lier au malheur ?... Faut-il qu'aux monuments des arts, de la civilisation et des lettres, doivent succéder encore les tristes monuments des ruines ?... Ne saurait-il surgir sur l'horizon un souffle assez puissant pour s'opposer au Cosaque, renverser son océan d'efforts, mais avec la rapidité de l'éclair, pour l'empêcher de se reconnaître, et de se relever comme Anthée..... Fasse enfin le ciel que l'Europe, promptement unanime et combinée, conserve ses institutions et sa liberté !... Puisse-t-elle ne jamais plus posséder de nouvelles ruines !... La perfide et barbare Russie peut obtenir pourtant ce terrible lot... Nouvel Empédocle, ce colossal empire semble ne chercher sa célébrité que dans son insatiable ambition, dans le ravage, la rapine et l'incendie : quel barbare plaisir de se plonger et périr dans le sang ! Que de glace pour voir sans pâlir les symptômes de sa chûte infaillible et prochaine ! Quel cynisme de roideur et d'audace ! Mais ce Peuple et son chef sont des Scythes ; de tels barbares doivent être asservis !

SUITE.

I.

Les nations, en général, passablement avancées, de nos jours, sous certains rapports, sont souvent arriérées ou stationnaires sous une infinité d'autres. Ce retard du mouvement civilisateur, ce fait déplorable se reconnaît, au manque de tact, de goût éclairé, et d'une plus large part de mœurs sociales. Les nations un peu exclusives, présomptueuses ont à souffrir ainsi de leur propre égoïsme et de leur indifférence. Et comment les États égoïstes et neutres, ou plutôt coupables à l'égard de la malheureuse Turquie, ne seraient-ils pas traités à leur tour, pareillement aux Russes ? Une telle neutralité est toujours complicité.....

Les États ont souvent le malheur d'être en butte à des dissensions intestines. L'Espagne a vu ses Cortès de toute nuance, l'Angleterre ses partis divers ; la France, l'Allemagne, l'Italie, ont eu les leurs. Chaque pays à ses révolutions. L'Europe et l'Inde ont été livrées à leurs déchirements ; chaque État, enfin, s'est vu infecté des Cosaques locaux. C'est le caractère des guerres civiles, de frères contre frères ; c'est le spectacle le plus affligeant. Mais, dans un temps de crise, surtout dans celle que subit en ce moment l'Europe en Orient, toutes les dissidences fâcheuses sont impossibles, ou s'éclipsent devant la gravité des circonstances et de la situation. Digne fils de la France, de la chère patrie, chacun chez nous est vraiment noble citoyen, Français distingué, patriote obéissant, et soldat intrépide.

II.

L'Opinion publique se déclare dignement unanime en Europe contre les injustes prétentions de la Russie....... les Peuples sont unis et soumis à leurs chefs; tous les braves Français parfaitement dévoués et frères..... Le Peuple Français et le Peuple Anglais peuvent ainsi compter sur l'élan des troupes, et l'ardent patriotisme des États respectifs et combinés, sur les sympathies et le concours de tous les dignes Peuples européens ; le Sultan sera dignement et puissamment appuyé !.....

Au reste, quand à cette lutte ou révolution d'Orient, il eut suffi, pour battre complètement le Russe, de l'énergie d'un seul des trois intrépides confédérés........... Le mouvement et le nombre du Russe servile sont insignifiants, négatifs. Or, le chiffre numérique et lâche de cet adversaire ne saurait donc l'emporter en présence de l'Occident et du Midi héroïques.

De l'injustice et la perfidie, aux sentiments de justice, de patriotisme et de liberté des triples unis, la distance est infinie sans doute. Ainsi, le Midi, l'Occident, l'Europe n'ont rien à redouter de la lutte qui s'annonce ou déjà engagée ;... C'est la Moscovie barbare qui veut périr, et qui périra !

III.

Par suite de sérieux évènements politiques, on a vu s'élever, en Europe, les deux plus terribles crises dont l'histoire puisse célébrer et perpétuer le souvenir. La première comprend une période de 89 à 1815, où la France seule eut à lutter contre toute l'Europe coalisée.

L'autre, connue sous le nom d'affaires d'Orient, est la guerre entre l'injuste et perfide Russe d'un côté, et le Turc, dans toute justice de cause, de l'autre, et à laquelle ont noblement pris part les Anglo-Français, en faveur de la Turquie. Les griefs, les attentats russes, leurs scènes sanglantes en Orient, l'envahissement par ces cannibales des États danubiens, leurs hostilités flagrantes contre le Sultan, le repos de l'Europe et du monde, l'indépendance des nations et la liberté des Peuples, constituent un péril plus imminent, puisque leurs coups s'étendraient de la Turquie à l'Occident, à la terre entière... Des limites, des traités de paix acceptés par le Russe aujourd'hui, rompus par lui demain !... Le Russe ne connaît point ces mots-là ;... il est d'ailleurs trop tard, et tout est inutile, impossible avec lui, en fait d'armistice ou de pacification. Le Czarisme veut tout inonder de ses flots destructeurs...

IV.

Enfin, la première crise fut encore la lutte de l'Europe coalisée contre la France seule, la France que l'on voulait punir par une entière effusion du sang Français, pour avoir rêvé un nouvel honneur, la liberté européenne, celle des Peuples et des nations, la prospérité universelle, la véritable grandeur !...

Aujourd'hui, la guerre d'Orient consiste, de la part des triples combinés, dans le but du rétablissement de l'équilibre européen, rompu par le Cosaque, et dans le triomphe du sentiment religieux, des mœurs et de la liberté sur le vandalisme et la barbarie moscovites.

Enfin, la lutte Orientale est donc la plus digne d'intérêt, des vives sympathies, des sollicitudes profondes de la combinaison Anglo-Franco-Turque, et de tout vrai européen..... La grandeur d'un tel évènement, le dénouement d'un si terrible drame, soulèvent justement l'Europe, retentissent sur la terre, et vont tourner à la chûte de la Russie, à la gloire de la Turquie, de la France et de l'Angleterre, au profit de la civilisation, contribuer à la paix universelle, au triomphe de la liberté politique et religieuse, au bonheur de l'humanité !...

SUITE.

I.

C'est sur le sentiment national, l'honneur et la dignité d'un pays, le déclin des mœurs ou des Peuples, la splendeur ou les révolutions des empires, et, par les temps actuels, sur la grande révolution d'Orient, que s'agitent les discussions, que se portent les vastes pensées de la législation, de la philosophie, et le génie de l'univers..... et si l'on jette un regard sur la scène du monde, où le flambeau du jour, d'ardant ses rayons d'or, inonde l'horizon d'un splendide océan de flamme, où le flot des populations éprouve un besoin incessant de mouvement et d'activité, il sera aisé de concevoir, que l'univers entier ne serait qu'un vaste et lugubre désert, sans ces groupes de populeux tourbillons. Le sol fournit avec profusion aux besoins de la vie, à l'existence de l'homme. Tout abonde, tout afflue, fruits divers, parfums et fleurs... mais il suffit d'un seul vandale, terrostite incendiaire, tel que le Sarmate, pour intervertir l'harmonie, les rapports internationaux, troubler l'ordre et la paix, infecter les sociétés, empoisonner les délices ou l'espèce humaine, comme l'abeille butinerait parmi tant de biens.

II.

Quel flot de Peuples et d'empires dans l'univers, plus ou moins libres et florissants qui sillonnent les âges, gravitent avec le génie et la majesté du siècle !.. Quels tourbillons ! Quel vaste assemblage de merveilles! Quel océan de riches climats, de liberté, de puissance morale, de vie ! Que d'antiques et lugubres ruines..... de monuments de gloire et de grandeur... d'espérances et d'avenir, dans les riches populations du globe!... Horizon éblouissant, harmonie parfaite, résultats heureux, sont dûs à l'organisme politique et moral des sociétés, surtout dans les empires libres! On dirait une œuvre artistique, admirable, sublime, au fini du travail, par l'exécution du plan.

On croirait à voir la scène animée du flot des mouvements, les groupes et la foule des cités opulentes de l'Europe, retrouver les souvenirs de Sidon, de Palmyre, de Sparte, de l'ancienne Rome ; errer parmi les colonnes sous les portiques des palais et les parvis des temples, habiter la terre classique de la liberté, fouler avec orgueil le sol du génie, de la majesté, de la gloire !! Les grands hommes, la liberté législative, les illustrations mémorables, voilà le feu sacré, les divins rayons des cieux, dignes de monuments vainqueurs des injures du temps !...... L'histoire, le marbre et l'airain, éternisent la célébrité, triomphent des âges, franchissent les siècles, immortalisent le génie !!...

III.

Avec les mêmes éléments, les flammes du génie, une sorte de supériorité, les sociétés modernes ne sauraient-elles égaler les sociétés anciennes les plus célèbres, les surpasser même ? Nous pensons qu'il y aura toujours de nouveaux progrès à opérer, plus étonnants, plus multipliés que ceux qu'on ait jamais pu faire. L'agriculture, les arts, la philosophie, le droit constituant ou la liberté législative, grandissent tous les jours, acquièrent une vigueur nouvelle. L'on peut en attester dans l'Inde Orientale, nombre de pays libres, en Europe, la France, l'Angleterre, la Suisse, l'Espagne ; en Afrique, l'Algérie, plusieurs États indépendants, et l'Inde Américaine entière, notamment les États-Unis.

Mœurs pures, agricoles, coloniales, amies des sciences, adonnées à la liberté, faisaient l'orgueil des anciens Peuples, notamment des Grecs et des Romains qui ont été les plus libres de la terre... Villes et campagnes opulentes, richesse éclatante d'inventions et de merveilles ; la vapeur, la télégraphie électrique ; presque passables libertés ; expositions des produits artistiques, musées des sciences, monuments, temples élevés aux lettres, aux beaux-arts, au génie ; bibliothèques, académies, écoles en tout genre distinguent les modernes...

ANCIENS ET MODERNES.
PARALLÈLE.

I.

Les peuples contemporains égaux, supérieurs, si l'on veut, sur quelques points, à ceux de l'antiquité, leur sont énormément inférieurs sur bien d'autres, car il est positif que les anciens étaient bien plus libres que les modernes. La politique, les sciences, l'histoire, le génie, le droit constituant ainsi que la magistrature, le pontificat, la philosophie, et autres sciences accessoires, formaient le programme de l'éducation civile et nationale. Quelle supériorité de leur éducation sur la nôtre ! L'instruction était obligatoire pour tous et aux frais de l'État. Aussi, voyait-on tout citoyen de ce temps-là, propre à tous les emplois, habile dans les fonctions les plus ardues. Chaque citoyen, d'après les lois, pouvait être à la fois électeur, tribun, magistrat, édile, consul, général !... Quels rapports, quels liens politico-fraternels et unanimes ! Que de majesté dans les comices ou assemblées du Peuple ! Quelle union, enfin, nationale et sainte ! Mais aussi quelle somme de bonheur et de liberté ! Quels génies, et que de divins chefs-d'œuvre en tout genre !...

Lycurgue, Servius, abdiquant la couronne pour donner des lois libres, des institutions sublimes à leur pays ; Cincinnatus, Scylla, abdiquant le consulat ou la dictature, étaient estimés plus grands, plus respectables, qu'élevés au pouvoir, à la pourpre magistrale !... Que de vœux d'actions de grâces aux Dieux en leur faveur !... Que d'admiration, de transports de reconnaissance, d'unanimes applaudissements et de bénédictions pour ces dignitaires, accourant avec joie aux travaux champêtres !... Descendus du pouvoir, ils avaient, comme les Dieux, des autels et les honneurs divins !!!

II.

Les mœurs, l'opinion, les lumières ou l'éducation, se résument dans les dons du cœur et de l'esprit; qualités précieuses, qui ne sont pas assez remarquées dans un pays ; et cependant, le cœur humain doit-être empreint de choses honnêtes, sentimentales, fraternelles, sociales et grandes, formé à la vertu, à l'amour de la patrie et de la liberté, qualités sans lesquelles nulles institutions au monde n'auront rien de solide et de durable. Rien ne sent plus la décadence, la dépravation des mœurs, le péril de l'État, les fréquents naufrages des gouvernements et les révolutions, que la corruption, l'impudeur, l'infamie, le honteux trafic de la vénalité des charges, l'agiotage et la prostitution à l'or.

Une bonne législation, un équilibre réel de droits, c'est-à-dire, de justice et d'égalité pour tous, peut faire naître les mœurs et l'éducation publique. Ces éléments sont neufs, les plus importants, inconnus aux politiques et aux législateurs, et ce ne sera jamais le doctorat jésuitique, que l'on a laissé introduire, qui pourra arriver au concours des réformes si salutaires des mœurs ; réformes les plus sérieuses et les plus négligées de nos jours, et que peuvent seuls opérer par l'enseignement les sages et les doctes du pays ; réformes, enfin, aussi urgentes que les réformes politiques de plusieurs États. Sans les mœurs, plus le travail colonial ou l'agriculture et le pain, on a beau faire dans un pays des règlements et des lois, tout est impuissant et vain... Les mœurs, l'opinion, l'instruction publique, l'intelligence ou l'esprit et le cœur formés ; voilà tout l'avenir.....

III.

Par notre travail, touchant les affaires d'Orient et l'attitude de l'Europe, notre but principal, il n'est pas inutile de le redire, est non-seulement d'exprimer nos vœux ardents, unanimes et tels dans toute société civilisée et sympathique, sur l'heureuse issue de la révolution orientale, sur l'équilibre de l'Europe et la paix du monde; mais encore notre dessein est de faire ressortir quels doivent être, ce que sont déjà le mouvement des idées, l'esprit des Peuples et des États, comme le bien-être moral et matériel des populations, sous le rapport des besoins et des améliorations ; or, il n'est donc pas inutile de dire un mot de l'instruction publique, comme le seul moyen d'arriver à toute amélioration matérielle et morale.

Dans la plupart des États modernes, l'instruction publique n'est que partielle aux frais des citoyens, au lieu de l'être complètement, et à ceux de l'État. Bien des nations arriérées se trouvent nécessairement loin de l'instruction perfectionnée de l'Angleterre, l'Allemagne, la

Suisse, les États-Unis. En France, les écoles élémentaires ne sont que pour quelques enfants du Peuple ; les pensionnats, les collèges, pour ceux ayant de l'aisance, et les écoles du premier ordre ou les lycées, pour les riches et les grands..... La France n'a guère plus du quart de la jeunesse aux études, surtout dans les campagnes. Les Instituteurs sont pauvres, mal rétribués et nullement dans un ton suffisant de considération... Le gouvernement français, on a lieu de l'espérer, saura généraliser, distinguer l'instruction primaire et les sujets qui s'y consacrent, élever l'instruction publique et le doctorat primaire à leur véritable état normal, à toute leur dignité... Par respect pour l'Université, nous ne lèverons pas le voile mystérieux, nous ne voulons pas dire de l'indignité, mais du révoltant et de l'inouï, des procédés de la part de quelques préposés à l'instruction primaire, envers les trop humbles et malheureux instituteurs.

IV.

Les lettres, l'agriculture et les arts, chez les Peuples de l'Antiquité, leur liberté, leurs flottes, leurs légions exprimaient puissamment leur célébrité. Tout y retraçait le tableau des mœurs, de la majesté, du génie... l'histoire, la poésie, le savant pinceau, le marbre, l'airain, les monuments des arts, exaltaient et perpétuaient les souvenirs de gloire, les traditions d'héroïsme, le respect et l'immortalité de leurs sages, de leurs savants, de leurs Dieux... Par les arts, le talent, le génie, tout sujet de divers genres dans la nature, figuré sous les traits d'un chef-d'œuvre de la beauté, se présentait à l'œil comme une Vénus, sous des formes arrondies d'expression et poétisées de grâces, fumantes de flots d'ambre, et divinisées de volupté, comme la Galathée de Pygmalion.

Peuples modernes ! ressemblez à ces Peuples fameux ; égalez-les en tout genre, surpassez-les même, comme vous avez fait par les merveilles de la vapeur et de la télégraphie ; cette émulation est belle et glorieuse ; mettez à profit votre feu sacré, vous en avez la brûlante flamme ; le souffle divin du génie, l'illustration sont de tous les temps.... *Celebritas immortalitas est.*

V.

Parallèles en quelque sorte aux anciens, et presque ainsi rivaux, les modernes peuvent déjà lutter de gloire avec l'antiquité, l'éclipser en éclat, en prospérité, par le progrès, les talents, par les merveilles de la vapeur, des chemins de fer, des chemins atmosphériques, de la télégraphie électrique, l'éclipser, enfin, en héroïsme par une résistance énergique aux irruptions constantes de la Russie ; que disons-nous ? Par la conquête de ce redoutable empire menaçant la terre ; conquête indispensable, si l'Europe veut enfin retrouver le calme et la paix ; le dénoûment du grand drame d'Orient se résume tout entier dans cette question, et ne peut avoir d'autre logique solution....

Enfin, si les anciens Peuples ont eu leur célébrité des arts et leurs monuments de génie, les Anglais, les Français, les Suisses, les Allemands, les Américains ont les leurs. Nos merveilles, en effet, nos monuments se multiplient tous les jours, et prennent des proportions admirables et nouvelles, comme l'agriculture, le commerce, la navigation, les sciences. Le Muséum du Jardin des Plantes à Paris, renferme, en quelque sorte, la nature, la création, l'univers.....

L'exposition des produits artistiques, dûs au concours de tous les industriels du monde, constitue un autre Muséum de toutes les inventions et des perfectionnements merveilleux dans notre belle France.

VI.

L'Angleterre, la France, la Suisse ont encore des trésors plus précieux, plus grands, que tout l'éclat et la majesté des monuments; monuments plus augustes et plus sacrés; nous voulons parler des célébrités, la gloire des États. Ces Peuples ont leurs Homère, leurs Lycurgue, leurs Numa, leurs Servius, leurs écrivains, leurs génies divers, leurs lyriques; comme leurs Épaminondas, leurs Annibal.... N'est-on pas encore en droit d'admirer, de contempler la splendeur, la pompe Orientale Gréco-Romaine des Tyr, des Sidon, des Carthage brittaniques, des Palmyre, des Athènes, des Sparte françaises?....

Mais la Russie possède son affreuse célébrité, son aveugle et furieux Catilina; les Czars, égaux par politique caractéristique, sont gaillardement les ennemis de l'Europe, de leur propre pays, principalement dangereux et redoutables à leurs voisins. L'Autriche et la Prusse, trop indignement et servilement prosternées devant ces dieux de la Vistule, du Volga et de la Néva, ne leur échapperont point, si elles n'adoptent la politique occidentale. Mais les dignes Anglo-Francs sauront, par leur génie, mettre justement à l'ordre le Moscovitisme et le

Czarisme affreux. Malheur aux Russes ! Malheur aux pays qui seraient leurs coupables séïdes !

VII.

Nous terminerons ce paragraphe et ce livre, en observant que, si pour instituer ou régénérer un Peuple, imprimer la grandeur, fonder un empire, rétablir un équilibre politique, tel que celui de l'Europe, consacrer la dignité, la majesté d'un pays susceptible de poids, d'importance et d'éclat, coloniser, enfin, un pays ou un État conquis, comme la Russie, par exemple, dans ce cas probable et plus ou moins prochain, ce n'est point de moyens et d'hommes ordinaires qu'il devient question, mais bien de tout ce qu'il est de puissance et de génie, dans un État libre, de cœur et d'énergie ; et de tels éléments, sans contredit, ne manquent point en Angleterre et en France.

La politique ou la liberté législative, la législation des cultes ou la liberté religieuse, les talents, le génie ; voilà la sphère sublime où s'agitent les grandes questions, l'histoire de l'humanité, la liberté des Peuples, le progrès civilisateur, la grandeur ou la chûte des empires, la puissance et la vie de l'univers....

L'EUROPE ET L'ORIENT.

LIVRE DEUXIÈME.

EUROPE. PRINCIPALES PUISSANCES.

l'Angleterre et la France.

I.

De nos jours, les nations européennes les plus éminentes sous l'universalité des rapports, dotées de leurs mœurs, de leur culte, leurs lois, les plus célèbres dans les sciences, l'agriculture, la navigation, le commerce et les arts, avancées en esprit social, progressistes en législation, en prodiges divers, en merveilles d'invention et de perfectionnement, telles que la vapeur appliquée aux chemins de fer, et dans peu, infailliblement, aux mécanismes divers, instruments et travaux agricoles; ces nations, disons-nous, les plus avancées, sont la France et l'Angleterre. Ces deux pays du premier mérite représentent presque au plus haut degré la splendeur de la célèbre antiquité, et sont le modèle, l'âme, la vie de la liberté et de la civilisation européenne, le type éclatant du génie moderne, le rayonnement du siècle, les mobiles de transformation sociale universelle, les créateurs d'un nouveau genre d'illustration et d'immortalité!

Polies et lettrées comme Athènes, belliqueuses et grandes comme Sparte et Rome, sages, ingénieuses et savantes comme l'ancienne Égypte, riches, puissantes et majestueuses comme la nation universelle, la France et l'Angleterre sont les premières Puissances du monde!!!... Ces deux États, célèbres par leurs mœurs et leur liberté, sont appelés à devenir le mobile et le ressort des Peuples et des Empires.

II.

Par sa marine, son commerce, ses comptoirs dans l'Inde et les Échelles du Levant ; par ses colonies, son génie inventif ou créateur, comme par ses plans, sa politique, ses sages traités dans toutes les parties du monde, l'Angleterre se fait hautement remarquer.

Ces fameux insulaires sont l'un des Peuples les plus influents de l'Europe et les arbitres de la terre.... Les Anglais et les Français sont spécialement le type-modèle des constitutions modernes, ou fondements législatifs des États.

Au reste, on doit concevoir qu'en parlant de l'Angleterre, il s'agit de la France, et qu'en parlant de la France, il est même temps question de l'Angleterre, surtout depuis leur combinaison d'alliance amie ; elles sont considérées telles, sous ce double et commun aspect, par tous les États du monde. L'Anglais à Paris se croit à Londres ; le Français à Londres se croit à Paris....

III.

L'Angleterre et la France sont sœurs de mérite influent, rivales amies de puissance et de génie, les modèles de la civilisation contemporaine. La Grande-Bretagne et la

France, nous l'avons déjà remarqué, sont sur l'horizon politique ou la ligne du monde, ce que furent jadis les Peuples les plus célèbres de l'antiquité....

L'intérêt et les droits respectifs et réciproques à la fois de la France et de l'Angleterre constituent entre ces deux États une sorte de communauté ou solidarité, de puissants liens mutuels, enfin, résumant un grand poids d'influence et de puissance morale. Ces deux nations unanimes, désormais inséparables, ne font, comme le corps et l'âme par leur position et leurs rapports, qu'un seul être, un tout, un foyer de lumières, de ressources, de prodiges, d'éléments civilisateurs et de féconde prospérité.

Enfin, ces États du premier ordre sont un vaste point inexpugnable de résistance et de puissance supérieure, un seul et même pays, protecteur de droits, de principes et d'idées grandes et sympathiques, amis de la raison, de la paix, mais redoutables à l'injustice et à l'offense. Ces Peuples unanimes se sont déclaré, ou plutôt, ils ont toujours resté le fidèle et puissant gardien des libertés et des droits de tous; ils sont l'unique et puissant boulevard moderne du mouvement social, des libertés du génie !....

L'Occident européen, tous les Peuples civilisés ou libres du monde, alliés, amis ou sympathiques, peuvent être qualifiés la société européenne, ou plutôt, la société universelle; société sainte et sacrée, libre ou volontaire des Peuples et des États, chef-d'œuvre politique du genre humain ! Le Russe et l'Austro-Prussien, dans leur injuste et difforme agrandissement, rêvent, en vain jusqu'ici, cette auguste et glorieuse qualification....

LA FRANCE SPÉCIALEMENT.

I.

La France, autrefois la Gaule, s'est trouvée durant des siècles en face de divers ennemis qu'elle vainquit successivement, et en présence des Romains dont elle égalait la valeur ; elle a donné des Empereurs à leur célèbre et puissante République....

Au moyen-âge, la France fut souvent menacée, attaquée dans son indépendance, par le flot des Vandales, des Goths, et les fréquentes incursions des divers barbares Normands. Cette nation ancienne et célèbre, jamais entièrement effacée de la liste, ou livre de vie des États, a toujours fini par triompher des coups irrités de la barbarie de l'étranger. Dans un jour de malheur, elle vit avec douleur une partie des Gaules réduite un moment en provinces ou Peuples différents : de là, ses contrées appelées l'Austrasie, la Bretagne, l'Alsace, la Normandie ;... les Gaulois, sans relâche, en armes dominèrent toujours le déluge de la barbarie.

II.

La nation Française, érigée successivement, pendant les périodes postérieures, en Royaume, en République et en Empire, eut à lutter seule, et souvent avec succès, contre l'Europe, et bien qu'accablée sous le nombre d'une croisade de vingt Rois, la nation héroïque, républicaine ou impériale, n'a pu succomber sans retour, malgré des forces centuples et formidables.

Cette terre immortelle a subi comme une sorte de veuvage de sa nationalité, près de quarante ans ; le Peuple Français a vu son pays seulement décoré d'un simulacre glorieux du nom de France, puisqu'elle a été tributaire des puissances du Nord, témoins les milliards comptés à l'étranger, toujours altéré, souvent abreuvé du sang Français. Cette époque désastreuse a été vainement appelée la Restauration. Le Nord fut toujours ardent à convoiter la riche et belle patrie.....

Que l'Europe s'ébranle, que la guerre s'allume sur plusieurs points, que tout soit menacé d'être englouti tant que le sort voudra, l'Angleterre, la France et les pays amis ne périront point ! Ils triompheront des orages et des ébranlements. Ces deux États influents et célèbres, susceptibles du plus riche et splendide avenir, sont appelés aux plus hautes destinées ; ne sont-ils pas déjà les médiateurs et les arbitres de l'équilibre du monde ?... Leur génie, leur esprit civilisateur, martial, leur passion de gloire et de liberté, ces divins feux-là, ne sont-ils pas plus ou moins empreints dans les idées, chez la plupart des Peuples de la terre ?...

L'esprit désolant des ruines ne planera point sur le sol des arts et de la philosophie, de la famille et de la liberté... Les beaux et riches pays d'Albion et des Gallo-Francs sont assurés du salut, ainsi que les pays sympathiques ; l'on peut en croire leur héroïque et brûlant patriotisme... Car, autrement, il faut que le reste de l'Europe et de la terre, ou la Russie périssent ;.. la solution de la question d'Orient se résume tout entière dans ce terrible dilemme.....

III.

Pliant enfin sous le nombre, aux jours néfastes, inondée sur tous les points du flot d'un océan de forces concentrées et formidables, la France fut encore un moment occupée, mais non vaincue... Les Français immortels n'en ont pas moins été, n'en seront pas moins constamment un Peuple de héros !..... A chaque mauvais pas, ce pays se relève toujours plus terrible et plus fort..... La Russie n'eût pas dû oublier qu'elle fut à deux doigts de sa perte en 1813, lors de l'entrée des Français à Moscou ; par la crise des temps actuels, elle pourra retrouver quelque souvenir, que la France a souvent battu l'ennemi, la coalition, l'Europe entière; qu'elle peut battre aujourd'hui plus complètement ses nuées de Cosaques, dans la Baltique et dans la Crimée, en mille immortels assauts, un nouvel Austerlitz, un autre Smolensk, un plus terrible Iéna..... Vingt Russes ou ennemis peuvent être écrasés sur terre et sur mer par un seul Français ; or, un seul contre vingt, voilà le héros ! Tels furent les enfants de la Patrie, ou les Français de la République et de l'Empire ; tels sont les Français de tous les temps.

La France et l'Angleterre pourraient faire pâlir les États, crouler les Empires, ébranler l'Europe et la terre... Mais, si Rome autrefois fit plier l'univers sous ses lois, ces nations immortelles ne veulent que faire respecter et bénir les leurs, défendre leur nationalité, protéger celle d'autrui, exercer une influence morale..... L'esprit du colosse Russe est celui de l'agrandissement, de la conquête de l'Europe et du monde ;... le génie des Français est, non-seulement la valeur et le patriotisme, mais le triomphe moral, encore une fois sur les Peuples, par les rapports, la justice, les libertés ; par les vertus, le génie social, la philosophie !...

IV.

La France peut figurer avec distinction parmi les cabinets européens, rivaliser avec les premières puissances du monde !... Elle est toute expansion, sympathie, illustration, majestueuse grandeur ; et cette mère-patrie n'ambitionne que de voir tous les Peuples frères, les nations alliées ou amies, les humains unis !... Les sociétés, les Peuples divers constituent de fait et constitueront un jour de droit, nous l'avons déjà dit, la société universelle ou la grande famille du genre humain !... Le télégraphe électrique, la vapeur appliquée à la navigation, aux lignes de fer, les chemins atmosphériques, ces étonnants miracles modernes, vont contribuer, autant que le reste des arts et le génie, à cette grande et prochaine révolution ; évènement mémorable, immortel, digne de la grandeur du siècle et de la majesté de l'avenir !

Les Gaulois terrifièrent souvent Rome dans des luttes héroïques, pendant des siècles ; les Français n'ont jamais démenti leur ardeur de force, leur belliqueux caractère ; ils sont d'origine Celtique, rameau gigantesque asiatique...

Les Anglo-Français n'ont qu'à élever leur voix, et dire aux Peuples : soyez heureux, libres, moraux !... Électrisés, enflammés par ces accents, les Peuples menacés ou assaillis par l'étranger savent soudain s'affranchir, et récouvrer leur bien précieux, l'héritage sacré de l'indépendance et de la nationalité.

Les mêmes accents de ces dignes, de ces puissants arbitres et protecteurs, accourus sur les mers du Nord et sur les mers du Bosphore en Orient, animeront les Turcs, et les rendront vainqueurs des Russes ; par le concours et le bras des héros tutélaires, les Anglo-Français, les Ottomans pourront compter sur la victoire ; jamais il ne fût de plus juste cause.

V.

La France fût toujours grande, amie généreuse, magnanime, communicative de ses lumières, de ses découvertes, de son bras... Elle brille, comme autrefois Sparte et Rome, de ses largesses de connaissances, de ses encouragements en faveur du mérite, du talent, du malheur, de la vertu. Conquérant moral des Peuples, comme il a été observé, et non ravisseur des pays, le Français veut que tout tombe devant les armes de la justice ou la liberté, de l'humanité, de ses convictions, de son génie !... Le nom Français est inscrit dans tous les fastes du monde.

Le Français apparait, avec la rapidité de l'éclair, dans tous les climats, sur tous les champs de bataille, dans tous les thermopyles du monde. La France, en effet, humanise les nations, civilise les Peuples, polit les mœurs, les électrise, encourage les arts, enflamme le génie ; elle fait fleurir l'agriculture et le commerce, immortalise ses aigles et ses drapeaux, ravive et protége les lettres, embellit l'univers !! La nation Française, enfin, a imprimé le feu de l'élan social et civilisateur au monde.

Aux temps anciens, au moyen-âge et de nos jours, le Français a lutté pour sa liberté, pour celle des Peuples. Ce même esprit d'indépendance et de nationalité se voit dans leurs efforts, durant des siècles, contre les Romains, les Vandales, les Goths, les divers barbares ; il se révèle à l'affranchissement des communes en 1109, se reproduit en 89, reparaît en 1830, éclate de nouveau en 1848. L'esprit humain fut appelé, de tout temps, à briller dans cette sphère sublime de mouvement et de gravitation, de progrès civilisateur et de génie législatif.

VI.

Mais que veulent, qu'ont-ils voulu les Gaulois ou Français, dans tous les temps, à toutes les époques décisives et suprêmes d'évènements étonnants et mémorables?... Ce qu'ils veulent, ce qu'ils voudront toujours les Français ; ce sont les mœurs, le progrès, la liberté législative ou politique, pour eux, pour les Peuples, l'humanité, la terre entière!... Toujours, mêmes idées; sans cesse, mêmes droits imprescriptibles à faire valoir, à proclamer; mêmes principes impérissables ou immortels de liberté communicative, ou droit de dignité de vie, de grandeur, de transformation sociale universelle!...

Le spectre colossal du despotisme moscovite veut en vain se dresser sur tous les points du globe, les pieds sur les deux pôles; une main dans l'Inde Orientale, s'étendant comme une ombre jusqu'au fond de la Sibérie, de la Chine et de l'Indoustan, et l'autre main, du glaive armée, s'efforçant de peser sur l'Europe et d'atteindre à l'Inde Occidentale..... La France, l'Angleterre, les États-Unis, les pays libres, sympathiques, sauront le renverser, mais par des plans approfondis et sûrs, mais par des coups puissants, rapides, décisifs. Ce renversement absolu pourrait, à un jour donné, s'effectuer entièrement... Différemment, que servirait aux États de l'Europe, de s'épuiser successivement en demi-mouvements, en vaines luttes, impuissants efforts, attaques ou défensives simulées. Par son systéme d'irruptions, le barbare et sacrilège Sarmate rirait et se jouerait impudemment de l'Europe effrayée.

RUSSIE.

La Russie est un des plus vastes empires du monde. Sa convoitise de l'Occident et du Midi européens n'est pas assez remarquée, ainsi que ses tendances opiniâtres d'agrandissement : cet État immense ne connaît point de bornes ; l'Europe, l'univers ne peuvent le contenir ; il comprend près de la dixième partie de la terre.... Le Sarmate veut à tout prix s'acclimater sur les bords arrosés par le Rhin, le Danube, la Tamise, la Seine, le Tibre et le Tage ; ces Vandales Normands n'ont point d'autre programme. Les Russes, leur Titan, sont connus par leur gentillesse et sobriété cannibales. Nous aurons à revenir sur la question de ce pays, à cause de la circonstance et des évènements.

CONFÉDÉRATION GERMANIQUE.

I.

Situées à peu près au centre astronomique de l'Europe, l'Allemagne, l'Autriche et la Prusse forment trois États considérables, se maintenant au niveau de l'équilibre, dans un but de commune conservation, par un expédient admirable, et constamment plus ou moins salutaire, à cause de leur position enclavée et centrale. Cet expédient de conservation et de salut, pour ces États, consiste dans un triple traité de Confédération, comme base de leur système politique. Ce pacte fédéral germanique forme une sorte de Triumvirat puissant, qui n'est pas sans quelque importance, et sans produire de très-bons effets...

Les affaires de la Confédération germanique sont réglées à la Diète de Francfort, présidée par l'Autriche, comme l'État le plus puissant de la Confédération. L'Allemagne renferme, dans ses cercles divisionnaires, les Républiques de Brême, de Hambourg, de Lubeck et de Francfort. La France actuelle au temps de Charlemagne était augmentée des États, formant à peu-près aujourd'hui le Triumvirat germanique, n'aguère appelé Confédération du Rhin, sous le protectorat de l'Empereur Napoléon.

II.

Si les Nations civilisées et relatives ou sympathiques, notamment l'Italie et l'Espagne, sont naturellement comme des sœurs, des alliées de la France et de l'Angleterre, par la position, les mœurs, le ton d'analogie et de dignité, l'Allemagne, de même, serait plutôt une sœur par caractère, une alliée amie de la France, que le membre obscur Triumvir d'une Confédération ne pouvant la mener à rien, au point de vue du progrès et de l'éclat, au lieu que, par sa libre ou volontaire combinaison à la France, son véritable et glorieux point de mire, elle ne pourrait qu'avoir sa part d'intérêt et de splendeur de celle-ci.

Les sympathies donc de l'Allemagne, isolées ou détournées et reportées vers la France, son réel et puissant appui, pourraient produire, dans l'esprit et le caractère des Germains, une transformation admirable et complète, par l'effet de plus, des relations multipliées, dues aux chemins de fer. L'Allemagne, enfin, pourrait acquérir cette unité, qui l'empêche d'être entièrement soi, homogène et relative. Ce pays n'est pas sans un grand mérite, mais il est susceptible d'améliorations plus positives.

L'Autriche et la Prusse sont encore, jusqu'à ces temps, deux imitatrices serviles de la Russie, de ses idées, de ses tendances, de son despotisme. Si jamais la Russie ne peut être ce qu'elle fut un moment, ou ce qu'elle semblait devoir devenir, du temps de Pierre-le-Grand et de Catherine, la Prusse ne paraît pas non plus être la Prusse libre et généreuse du Grand-Frédéric.

III.

L'on a vu jusqu'à ces jours l'Autriche et la Prusse, les tout complaisants et dévoués de la Russie, et nécessairement ses avant-postes. Mais, aujourd'hui, la situation de l'Europe s'étant compliquée, au sujet des affaires d'Orient, dans les démêlés Turc et Russe, la politique Austro-Prussienne va sans doute peu différer de la politique de Pétersbourg ; et comment pourrait-il en être autrement ? Lorsqu'après les affaires vidées d'Orient, trois nouvelles questions peuvent s'élever ; savoir : celles de Pologne, de Hongrie et d'Italie, touchant lesquelles, l'Occident et le Nord auront infailliblement certains démêlés à débrouiller.

Pour l'Orient, la politique Austro-Prussienne a beau faire de la neutralité, cette neutralité montre le bout d'oreille, et ne peut inspirer que la défiance. Or, l'Autriche et la Prusse eussent dû prudemment se rallier à l'Occident, où elles eussent pu se sauver, et non à la Russie perfide, et par laquelle ces États ne peuvent qu'être absorbés. Nous avons dit que l'Europe ou la Russie devant succomber dans la lutte, les Peuples Européens, placés dans l'alternative, n'ont qu'à opter d'urgence ; la terrible question de vie ou de mort n'a de solution possible, non dans une funeste temporisation et une vaine diplomatie, mais dans la justice et le canon !... Pourquoi la justice ne peut-elle encore s'obtenir par le canon de l'intelligence et de la balance de la raison et des intérêts ?

IV.

La Confédération Germanique, cet espèce de triangle centri-européen, est d'une ambiguïté par trop mystérieuse, problématique, inextricable et à son état de caducité ; sa dissolution immédiate est là ; elle a vécu trop d'un jour. L'Angleterre et la France peuvent se passer du concours et du ralliement Austro-Prussien ; mais elles sauront reconnaître les sympathies de l'Allemagne et de l'Europe amie : l'Autriche et la Prusse, aux mœurs teutoniques, inclinent toujours en faveur de la Russie, et se rendent, par ce fait, susceptibles d'un même péril.

L'Autriche, la Prusse, la Russie, en un mot, voilà l'odieux Triumvirat du Nord, qu'il importe et qu'il est urgent de détruire. — Nulle diplomatie, nulle astuce au monde ou politique de cabinet, qui soit une explication plus nette, un manifeste plus énergique que la justice et l'éloquence, non-seulement du canon, mais encore celle de la puissance, de l'humanité, de l'ascendant de la raison ou influence morale... Toute antipathie en Europe ou ailleurs, contre la combinaison Anglo-Franque, dans les circonstances actuelles, imprévues ou fortuites, serait frappée de réprobation et de châtiment. Toute chance de succès, de salut et de vie, ne peut exister que par une entente absolue avec l'Angleterre et la France.

TURQUIE, GRÈCE.

Déjà la Turquie était sur le point de s'écrouler, la patrie des Croyants était près de s'éteindre et de s'abimer dans la dernière désolation. Rien jusqu'ici, l'affaire même de Sinope ne paraissait guère émouvoir sur sa déplorable position, l'indifférence de la froide Europe, spectatrice égoïste de son agonie, la France et l'Angleterre exceptées, et les premières élancées à son secours. Les Peuples, comme les individus, sont donc successivement proclamés, par des ukases de sang, en proscrits, en parias, destinés à subir la destruction ;... mais l'empire Ottoman, ne périra point; sa résistance héroïque le fera triompher du système permanent de l'antique agression moscovite.

La Grèce, la patrie des lettres, des arts, de la célébrité, qui semblait déjà sortir de ses anciennes ruines, après avoir été érigée en État constitutionnel par la coopération de la France et de l'Angleterre, s'est soulevée sans motifs contre la Turquie. Les puissances combinées ont contraint le Grec à rentrer dans les limites du devoir et du respect des nations... .

SUISSE.

La Suisse ou la Confédération Helvétique jouit d'une position avantageuse, splendide, et d'une solide prospérité, dues à une heureuse et sage liberté. La patrie de Tell, de J.-J. Rousseau, la Suisse puissante et libre, est la terre classique la plus respectable et la plus auguste, après l'Angleterre et la France, de l'Europe moderne !... Elle se divise en vingt-deux cantons, ayant chacun une voix au Conseil de la Confédération. Son véritable équilibre ou état normal consisterait dans une circonscription territoriale, égale à l'étendue et à la profondeur de sa sagesse. Sans être historien, ni géographe, nous dirons que l'on remarque en ce pays les glaciers des Alpes, le Simplon, le St-Gothard et le St-Bernard, montagnes les plus élevées de l'Europe. Le climat est très varié ; un hiver perpétuel règne au sommet des Alpes. La Suisse a secoué depuis cinq siècles le joug de l'Autriche, du martyre et de la mort politique.

ESPAGNE, ITALIE, POLOGNE, HONGRIE, DANEMARK, SUÈDE.

L'Espagne et le Portugal ne font presque qu'un seul pays, ayant pour caractère distinctif, un air auguste et grand, le ton fier, indépendant, belliqueux. Les révolutions sont fréquentes dans ce pays à cause de sa passion pour l'indépendance et la liberté législative. Le sol, le climat, l'esprit du pays argumentent favorablement, offrent de plus précieuses ressources que ses anciennes et riches mines d'or. Une révolution ministérielle, et d'un certain mouvement populaire accompagnée, vient d'avoir lieu, en ce pays, dont tout révèle les tendances dans le sens des Anglo-Français.

L'Italie n'est rien encore, à cause de la domination de l'Autriche. La malheureuse Pologne, la triste Hongrie ne sont plus, et ne sont qu'un fantôme de souvenirs. Les évènements ou l'énergie peuvent appeler ces pays à sortir de leurs cendres et prendre une nouvelle vie. La Suède, le Danemark, l'Allemagne, la Hollande, la Belgique et les Espagnes sympathisent avec les nations Anglo-Françaises, et gravitent selon ce double mouvement, relativement aux affaires Orientales, ainsi qu'au point de vue de l'équilibre général, et des rapports internationaux.

INDUSTRIE ET COMMERCE DE L'EUROPE.

I.

La Révolution d'Orient, les obstacles, les ébranlements et fracas du monde n'arrêteront point l'élan et le progrès, le mouvement des idées, du génie social et civilisateur, l'influence du génie, la marche générale des affaires industrielles, agricoles, commerciales ou financières.

Puis donc, que le bien-être matériel se lie essentiellement au bien-être moral; un mot sur la situation des ressources positives se présente ici, à propos. Plus loin, au livre quatrième, nous pourrons nous étendre un peu plus sur cette matière.

L'Europe, par sa situation astronomique, son climat doux, salubre, tempéré, comme par la fertilité du sol, présente à profusion tout ce qui est nécessaire aux besoins des habitants. Le terroir renferme très-peu de mines d'or et d'argent, mais il en renferme beaucoup de fer, de cuivre, de plomb, de houille ou charbon de terre.

Les produits européens industriels et agricoles se répandent en tous lieux du monde. Draperies, soieries, bijoux, verres, cristaux, porcelaines, horlogeries, meubles, vins, eau-de-vie, spiritueux, sucreries raffinées, parfumeries recherchées et estimées, bien que des fruits supérieurs, naturels, et des parfums précieux, se trouvent dans les Indes, se remarquent dans le riche Midi du continent.

De tous les Peuples du monde, les Anglais, les Français et les Américains sont ceux qui entendent le mieux l'agriculture, le commerce et la navigation, et qui, selon ce qui a été remarqué, cultivent, avec succès, les sciences, les lettres, les beaux-arts ; ceux qui sont le plus distingués par les mœurs, le progrès, la liberté politique industrielle et coloniale.

Les États-Unis, les Anglais et les Français, dominent encore par le système sur une vaste échelle, des prodigieux développements de la vapeur, des chemins de fer, des chemins atmosphériques, de la télégraphie électrique, ceux qui se distinguent par la richesse et la quantité des productions agricoles, ainsi que par une infinité d'établissements et de manufactures.

Entre autres produits agricoles et commerciaux, on estime les blés, les fruits, les vins et les eaux-de-vie de l'Ouest et du Midi de la France, les armes, notamment les fusils de St-Etienne, les superbes tissus divers de Troyes, de Rouen, les draps d'Elbeuf. On admire l'industrie et le mouvement de Paris, les soieries de Lyon, le commerce immense de Marseille, de Bordeaux, de Toulouse. On admire les manufactures de Londres et de Manchester, en Angleterre. Paris et Londres sont les capitales de la terre, le centre du mouvement, de la liberté, du génie et de la prospérité du genre humain !....

II.

Le progrès matériel, harmonié admirablement au progrès influent et moral des États, nous devons nécessairement présenter le plan descriptif des lignes ou chemins de fer en exécution, en voie de projet, ou en existence.

Ligne du Nord à la Méditerranée. Chemin de fer : D'Édimbourg à Newcastle, Londres, Douvres (ici quelques lignes de mer), continuité ; Boulogne, Paris, Lyon, Avignon, Marseille ; cette ligne existe. Ligne de la mer d'Allemagne à l'Adriatique. Chemin de fer : de Hambourg à Berlin, Dresde, Brun, Gratz, Vienne, Trieste (345 lieues). Ligne du Danemark à Hambourg ; de Trieste à l'Orient.

Trois lignes de l'Est à l'Ouest. Jonction de la Manche à la Baltique, chemin de fer : du Hâvre à Paris, Valenciennes, Cologne, Hanovre, Stettin (177 lieues). France, Belgique, Prusse, Pologne et Russie en lignes.

Ligne de l'Océan à la Mer Noire. Chemin de fer : de Nantes à Tours, Paris, Strasbourg, Carlsruhe, Ratisbonne, Vienne, Presbourg, Pesth ; Mer Noire. Chemin de fer : Teste, Bordeaux, Cette, Marseille, Rome, Naples. Communication de l'Espagne à la Russie. Jonction de l'Europe et de l'Amérique. Nouveau système colonial et civilisateur par la révolution du système de la vapeur appliquée aux lignes de navigation et des chemins de fer. Les mers, les fleuves, les canaux, les chemins de fer combinés prochainement, communication alors de tous les points du globe. Tous les pays ainsi un jour à découvert, ainsi que leurs lointaines et mystérieuses profondeurs.

III.

Les obstacles physiques ou moraux vont disparaître dans cette révolution du progrès civilisateur qui grandit tous les jours, par les moyens admirables et sublimes de communication et de rapport, dûs à la vapeur appliquée à la navigation et aux chemins de fer. Nul pays, nul Peuple, qui puisse rester stationnaire ; l'entraînement de la civilisation, le nouveau mouvement des idées et des esprits, la puissance et la rapidité du progrès, c'est la vie ; la vie, c'est la liberté des Peuples et des Empires, selon le type Anglo-Français ; c'est l'élan ou l'ascension des arts, de la liberté elle-même, des talents, du génie vers un nouvel éclat, à de plus hauts degrés de splendeur et de majesté !

Tous les Peuples du monde vont donc être en rapports constants par les lignes de navigation et les chemins de fer ; par ces moyens encore, comme par le commerce, la boussole, la poudre, l'imprimerie, les lumières, civilisation ainsi universelle.... Pour le coup, tous les Peuples de la terre suivent ces mouvements plus ou moins sensibles de progrès et de génie, la Russie exceptée, et n'ayant pour but que de tout immoler à son égoïsme, à son ambition, les droits, la sécurité des Peuples, la marche imposante, spontanée, et comme triomphale de la civilisation universelle. Quelle différence, en effet, entre la lumière et les ténèbres, entre l'esclavage et la liberté, entre la vie ou la mort ? La même que l'on remarque entre les plus chers intérêts, les bienfaits de la civilisation, de la liberté, et les tendances incendiaires et sanglantes du vandalisme cosaque.

IV.

Revenons de suite, sans autre façon ou forme transitoire, aux affaires du temps, formant le très-intéressant sujet de la question que nous avons abordée. Il sera bon de considérer que l'Occident et le Midi ne vont pas réagir dans un simple but de résistance au Russe, mais pour le renversement de ce Titan ou géant du Nord!.... C'est l'ennemi mortel et commun de l'Europe et du monde, l'odieux et lâche liberticide, le destructeur impie du génie et des arts, le perturbateur flagrant de la tranquillité universelle, le parjure des lois et des traités, le sacrilége des autels, le tyran de la terre !!!

Si donc, des préparatifs de résistance au Russe s'organissent chez les Occidentaux, en faveur des Turcs opprimés, et si les efforts divers deviennent unanimes, et prennent un caractère de conquête, c'est que de tout temps rien ne fut plus légitime que la résistance à l'oppression ; or, l'Europe entière est opprimée, menacée même d'invasion et de destruction par la Russie ; donc, les Turcs, les Anglo-Français, tous les Peuples enfin sont fondés à lui résister, et ce qui serait plus rationnel, à la subjuguer.....

Au reste, chaque Peuple est profondément convaincu d'une grande vérité : être asservi, déchu, perdre sa nationalité, sa dignité, sa gloire, se voir ravir des droits respectés des nations et des siècles, éprouver un massacre dans une guerre d'extermination, s'écrouler sans retour par une décadence complète des lettres et des arts, par la disparition de tout élément civilisateur, c'est là le plus grand désastre qu'un Peuple puisse subir. La liberté, la religion foulées, un pays détruit, un Peuple éteint, c'est un néant pire que la mort !.... Le pays, théâtre de telles horreurs, dominé par l'aspect d'une entière désolation, quel spectacle déchirant ?.... Et le soleil n'inonderait pas de ses feux la splendeur et la vie des cités opulentes et des riches populations du siècle, comme autrefois les fêtes et les jeux olympiques de la Grèce et de Rome?.... Temps heureux et d'éclat, où l'on errait sous les colonnes des monuments pour contempler la majesté des palais et des temples, où l'on courait de l'amphithéâtre au prytanée, où l'on admirait dans les chefs-d'œuvre de l'art les conceptions sublimes, les grandes pensées, les divines créations... Si le soleil, enfin, éclairait autrefois de ses feux les pyramides, le pyrée, le cirque, les arcs triomphaux de Vespasien, de Titus, de Trajan, de Marc-Aurèle, pourquoi n'éclairerait-il pas aujourd'hui nos trophées, nos arcs triomphaux, nos magnifiques monuments divers ?

Nous devons espérer que nos jeux patriotiques s'accroîtront de nouvelles fêtes nationales, en l'honneur de nos braves d'Orient, pour la gloire de nos armes. Les Peuples de France, d'Albion, de tout pays de l'Europe, alliée, amie, sont prêts pour la grande fête universelle... Les parfums, les présents, les fleurs, les honneurs du triomphe, sont destinés aux héros vainqueurs de l'orgueilleuse Moksva, en mémoire des fers brisés, de la paix et de la liberté de l'Europe sauvée. Jamais jours plus splendides n'auront ému le vieillard, le travailleur, la mère, le jeune enfant, la jeune fille ; jamais transports si unanimes, ivresse, ni démonstrations patriotiques, plus enthousiastes, n'auront éclaté dans la foule, parmi les populations, jusques dans leur prolongation, le soir, à la lueur des flambeaux, illuminant les villes et les campagnes.

L'EUROPE ET L'ORIENT.

LIVRE TROISIÈME.

ÉPOQUES CÉLÈBRES.

I.

Quelles annales des Peuples anciens et modernes, quels fastes historiques des plus puissants Empires, aussi célèbres, aussi mémorables que les fameuses époques des Français, comme on a dû le remarquer au livre précédent, aux jours des états généraux, en 89, en 92, 1830 et 1848. La France, Républicaine ou Impériale, s'était élancée du lugubre esclavage à la sphère splendide des flammes d'or, de gloire et de liberté, et se trouvant ainsi dans la zône des prodiges, à la hauteur des temps héroïques, à son apogée d'illustration de grandeur ; elle s'est recommandée dans cette sublime apparition à l'immortalité de l'histoire.

Ses luttes gigantesques et formidables ont été celles d'un Peuple tout composé d'hommes libres et de héros !... Tels seront en 1855, et toujours, les combats et les victoires des Français ! Tels ils se montrent déjà dans l'Orient !... On pourrait même démontrer que les Français sont supérieurs, en quelque sorte, aux plus grands Peuples de l'Antiquité. Les Persans, les Grecs et les Romains ont subjugué successivement les Peuples et les Nations, et les Français les ont battu tous à la fois, et souvent ils ont triomphé d'eux ; .... les soldats de la République et de l'Empire se sont vu les maîtres de presque toutes les Capitales. Berlin, Munich, Moscou, Vienne, Rome, Madrid, nous sont aussi connus que des bourgs, des localités famillières ; notre char de triomphe a plié sous le poids des lauriers et des drapeaux ennemis vaincus. Riches trophées, magnifiques colonnes, superbes pyramides, majestueux monuments embellissent nos cités, décorent nos places publiques. Ces monuments sont notre juste orgueil, l'admiration de l'Europe, l'étonnement de l'univers !...

II.

L'on a déjà vu ci-devant que la France et l'Angleterre sont les Nations du globe qui reflètent le plus l'éclat suprême de tous les temps. Ces deux pays, du premier ordre, sont en effet les États du monde les plus avancés, supérieurs même aux anciens États en génie inventif ou créateur, témoins les merveilles de la vapeur et de la télégraphie dont on ne peut assez parler, les plus avancés en mœurs sociales, en sentiments religieux, et les plus féconds en idées et en principes de véritable et sage liberté.

Dans l'impossibilité d'atteindre à la hauteur, à la gloire de la France et de l'Angleterre, certains États du Nord, notamment la Russie, voudraient rabaisser ces deux Nations occidentales à leur médiocrité, à leur pâle niveau. La Russie, écumante de rage, et dévorée de convoitise, ourdit clandestinement des complots, trame des coalitions contre ces deux pays, dans le but de les humilier, comprimer leur élan, opérer leur chûte, la rêver du moins ; obscurcir leur gloire, étouffer leur génie, leur liberté ; piller leurs richesses, anéantir leurs noms, les noyer jusques dans le sang de leurs derniers enfants.....

Quelle politique incendiaire d'horreur et de sang du cynisme Sarmate, qu'un dessein, qu'une idée fixe depuis des siècles, d'inonder du flot de forces gigantesques les États de l'Europe, la terre entière, et se repaître ainsi de pillage et d'incendie !... Eh quoi ! la Turquie, la France, l'Angleterre, la Prusse et l'Autriche, elles-mêmes à leur tour ; l'Allemagne, la Suisse, la Suède, l'Italie et l'Espagne en cendres ! Ces riches pays, plus ou moins florissants, seraient couverts de désolation et de deuil !... La Carthage britannique, la Palmyre française, fumantes de ruines et de sang?... L'Europe, les Indes, l'univers enveloppés d'horreurs, en proie au désespoir; les Peuples, les Empires, les Nations en butte à la fureur de l'avide Sarmate, à ce Titan, à cette Hydre implacable et barbare !... Tout serait-il ainsi plongé dans un océan de mort et de flamme?... Non ! il n'en sera nullement ainsi ;..... les champs moscovites serviront à leurs hordes renversées d'abîme et de tombeau ;..... le Tibère Russe en est au suicide.....

III.

Nous avons vu que l'Antiquité était tout héroïsme, majestueuse grandeur, fertile en évènements merveilleux, en entreprises vastes et puissantes, en conceptions sublimes, en triomphes tenant du prodige !... Son génie, ses flammes d'illustration et de gloire étaient, en effet, incarnées dans ses mœurs, son culte et ses lois. Tout autrefois s'appelait l'Orient, la Perse, l'Arabie, la Grèce, Rome !... Aujourd'hui, tout serait l'Autocrate de l'Europe et du monde ; tout l'univers s'appellerait la Russie, si le bon plaisir et les vœux des Cosaques étaient exaucés du génie des ruines et du Dieu de la destruction et de la mort !...

Mais, il est bien reconnu que, d'après une sorte d'ascendant moral et protecteur, d'après les vœux, l'opinion publique, universelle même, l'Europe, le monde, tout s'appelle et s'énorgueillit de s'appeler l'Angleterre et la France. Chaque pays, chaque Peuple se fait gloire d'avoir les Anglo-Français pour amis, pour Tribuns, pour boulevard ; de les regarder comme types de mœurs, de génie, d'esprit social et civilisateur.

Les Nations du globe ont leurs institutions calquées, entièrement ou en partie, sur les leurs, principalement les Indiens occidentaux.

Les Héros et les Dieux des anciens Peuples étaient des esprits surhumains, immortels. Les Orientaux, au climat de parfums et d'or, étaient des oracles, l'immuabilité même : tout se résumait dans ces Peuples-modèles, dans ces moraux arbitres du monde !

IV.

Quand Sparte portait les armes contre l'Asie, et la République Romaine, ses aigles et ses légions contre Carthage, les villes d'Italie et de Grèce, de cet avis, se trouvaient soudain sous les drapeaux ; un triomphe complet leur était acquis. De même, les Anglo-Français, dirigeant leurs forces de terre et de mer sur l'Orient contre les Russes, ou sur tout autre territoire ennemi, méritent d'être imités par tous les Peuples empressés à suivre les ordres et les mouvements de ces deux arbitres influents et moraux du droit des gens et de la liberté du monde !

En présence du moment et de la situation, les Européens

doivent être tout-à-fait soi, c'est-à-dire, se placer hors de l'équivoque, et nobles émules, rivaliser d'ardeur, ralliés à l'Angleterre et la France, à propos des affaires du Levant; il n'est point d'indifférence de neutralité possible en temps de crise, de péril et d'hostilités. Posant donc le masque, sans façon, sans terreur de la vérité, sans s'aveugler sur le danger de la situation, l'Autriche et la Prusse, à l'exemple de l'Occident, devraient immoler l'intérêt privé à la sécurité générale de l'Europe, rallier leur politique à la justice de la glorieuse cause d'Angleterre et de France, avec lesquelles il y a tout à espérer d'heureux, et non à la Russie où tout est à perdre tôt ou tard ; c'est une double question, dont la solution est basée sur l'alternative, de nature à lever tout obstacle, et ne laisser plus de doute. Le népotisme peut être aussi funeste et mortel aux États Austro-Prussiens, qu'à la Russie elle-même.

SITUATION RELATIVE.

I.

Rien ne paraît déjà plus possible en Europe; son apogée est fait; tous les moyens et ressorts sont presque usés, sous une multitude de points de vue; l'enthousiasme s'éteint en quelque sorte ; un espèce d'état indéfinissable étouffe le prestige et la chaleur de l'âme. Les obstacles moraux et matériels d'un pas progressif de plus, du rêve même d'un équilibre pacifique et durable, proviennent d'un hideux et désespérant malaise, et de l'excédant sensible d'une immense population qui n'est plus en rapport avec les ressources industrielles et territoriales, et, sauf l'Angleterre, la France, la Hollande, épuisant tous les éléments de mille genres d'entreprises de travaux à l'intérieur, et fondant des colonies dans les Indes, la majeure partie de l'Europe, encombrée du flot populeux, s'aveugle sur sa position.

Il résulte de ce fait, que la plupart des États s'allarment sur les conséquences, non pas, si l'on veut, uniquement des affaires d'Orient, mais sur les proportions effrayantes de l'accroissement populeux, et par suite, sur les résultats chanceux de l'avenir. De là, l'aiguillon agitateur et les hostilités incessantes… Le Czar eût pu épargner ces craintes, éviter les provocations inopportunes au Peuple Russe, et le comble des calamités qu'il lui prépare dans son obstination, en l'adonnant aux sciences, à l'agriculture, à l'industrie, au commerce, et non à des excursions, à des jeux de pillage, à des guerres d'agrandissement. De tels procédés, au mépris du droit des gens, ne font qu'ajouter au caractère monstrueux de son esprit aveugle, et de ses tendances furieuses, qui vont infailliblement le conduire à l'abîme qu'il vient de se creuser…..

II.

Les Européens naguère n'avaient qu'un cri, tous faisaient chorus sur la stabilité de la paix, mais sans conviction intime, et chacun d'être prêt à parer aux évènements. Du moment où la guerre venait d'éclater en Orient, entre la Russie et la Sublime-Porte, pouvait-il en être autrement?… L'inique occupation par la Russie des provinces Danubiennes, a dû faire mettre sur la défensive le Chef des Musulmans. Le Peuple, les Ministres, le Divan, l'Empereur ont été unanimes. Aux armes! S'est-on écrié dans tout l'Empire; la vie ou la mort, et non l'opprobre! Des armes! La guerre! Marchons contre les Russes! Notre cause est sainte, c'est celle des Peuples, celle de la justice et de l'humanité; dussions-nous être écrasés sous le poids du Colosse, périsse la Russie! Mort au Néron moscovite, à cet oppresseur barbare! Mort au félon qui, brûlant d'asservir l'Europe, le beau pays des Croyants, s'imagine anéantir les Empires! Aux braves, le succès! les sympathies des Peuples, des vrais Européens vont être pour nous!.....

Tel a été le cri de l'Ottoman opprimé, en lutte depuis des siècles avec l'antagonisme Russe. Justement exaspéré, le Musulman n'a pas dû dissimuler son courroux; l'indignation profonde et générale, celle de l'Europe, contre l'avide Tartare, entassant États sur États, Empires sur Empires, n'ont pu qu'éclater à la fin.

Les Turcs fondés, sans doute, touchant la conservation intégrale de l'Empire, ont, dans leur énergie, repoussé constamment les Russes des bords du Danube. Les intrépides légions, les flottes Anglo-Françaises, mouillées dans la Baltique et dans les mers du Bosphore, sont accourues, dans le but de seconder les opérations militaires des Ottomans, et concourir à détruire les forces moscovites. Les Anglo-Français vont être suivis d'une foule d'expéditionnaires de toute l'Europe amie. Joints aux Turcs, au moment où nous écrivons ces lignes, comme compagnons d'armes, ils s'avancent à l'envi contre les Cosaques, se couvrent déjà de gloire, et s'immortalisent par des brillants faits d'armes, contre ces furieux, bien que ceux-ci soient en nombre centuple.

III.

La force irrésistible de la justice est plus puissante que la force du nombre et de la barbarie ; or, la première, c'est la force ou puissance sacrée des Peuples justes, la cause sainte de la raison et de l'humanité, la ligne politique, la noble maxime des armées interventives et alliées de l'Occident et du Midi.

Une pareille cause est celle en un mot de la raison universelle, reçue chez les nations civilisées. La seconde, la force de la lâcheté, de la barbarie ; c'est la force brutale du nombre; le vil Cosaque n'a que celle-ci. Rarement le gouvernement Russe s'est vu pénétré de sentiments d'honneur, ni imbu des principes du respect des nations ; la soif de pillage, d'agrandissement et de sang, est son seul mobile. Le Czarisme moscovite, c'est l'affreux programme liberticide, le sentiment incendiaire, le régime terroriste !......

Il a été donc un devoir, un haut point d'honneur, un intérêt même, pour l'Angleterre et la France, d'intervenir comme auxiliaires, médiateurs et arbitres, dans des questions si importantes et si graves à l'égard du Turc, si longtemps Peuple martyr. Nous dirons même plus, c'est une obligation rigoureuse et sacrée, pour les gouvernements et les Peuples sans exception, d'aider puissamment les Turcs dans la défense de leur territoire contre les injustes attaques de la Russie, et pour l'expulsion de celle-ci des principautés Ottomanes. Celui qui ne songerait qu'à soi, dans le malheur des temps difficiles, n'aurait point d'amis, selon Florian, selon l'argument de la raison et de la justice, sentiments gravés en traits de feu dans le cœur de tout homme de bonne foi, et en parfaite conformité à l'équité et à toute saine morale.

Or, tout retard à prendre les armes, ou toute absence du moins de démonstrations sympathiques à propos de la Porte-Ottomane, contre la Russie, serait une lâcheté, un crime, un péril ;... nul n'hésitera donc à faire partie du système Anglo-Français, auquel sont attachés le sort universel et le salut commun. Le système d'horreurs et de barbarie des Normands doit être anéanti;..... de telles crises renouvelées ou plutôt incessantes ne peuvent durer plus longtemps !... Il est urgent enfin, que le Russe plie entièrement..... Mais, dira-t-on, pourquoi cet appel général aux Peuples contre les Russes?... Pourquoi? Et le moins éclairé du monde ignore-t-il, que, sectaire ardent d'une ambition sans bornes, l'empire moscovite, dans sa soif inextinguible d'agrandissement, bat en brèche dans l'Orient, l'Europe qu'il convoite, et que l'orbite de son regard avide embrasse l'univers qu'il idolâtre ?...

IV.

Pour le coup, l'Empereur Russe est condamné à succomber dans la grande lutte d'Orient, ou plutôt, la guerre Européenne par lui provoquée. Sa réduction alors à l'impuissance absolue ; ce châtiment infligé au Néron moscovite sera pour lui plus cruel que la mort ; il serait trop heureux de tomber sous nos coups, les armes à la main...

Le chef de la Russie est indigne du trône, et sa guerre au Sultan dissimule mal le caractère de ses mêmes desseins sur le continent et le monde. La Société européenne, la grande famille des Peuples ou du genre humain constitue la balance même politique, et les Peuples sont sacrés de plus, par la foi tacite, solennelle ou jurée, par les droits mutuels ou respectifs des gens et des Nations. Qui mérite donc de l'emporter, de l'intérêt et du salut universel, ou de l'aveuglement et de la fureur du Catilina de Pétersbourg ?.. La foudre et le volcan vengeur doivent éclater sur la tête de celui-ci.

Peuples d'Europe ! remarquez et souvenez-vous que l'autocratie moscovite ne saurait frapper quelqu'un d'entre vous, sans blesser dangereusement ou passer par le cœur de l'autre ; les menaces, les coups du colosse sont perfides, redoutables, envenimés et mortels. C'est peu de lui résister ; si vous ne le détruisez entièrement, vous serez infailliblement détruits par lui !... Tout proclame hautement cette terrible vérité ! La chûte de la Pologne, de la Hongrie, des principautés turques l'ont confirmée. Plus tard, et successivement, la chûte de la Turquie, de l'Autriche, de la Prusse elle-même, de l'Europe entière la confirmerait épouvantablement. Et le Russe y arriverait sans un réveil général..... Peuples Européens ! l'initiative Anglo-Française est solennelle et vibrante..... Point de dissidence ; il importe fortement d'être unanimes et combinés. Toute hésitation, tout retard serait pour vous un péril. L'occasion est précieuse et magnifique ; les immortels Anglo-Franco-Turcs sont vos admirables, vos sublimes, vos invincibles avant-postes. Cette occasion d'affranchissement de la domination russe ne doit pas vous échapper; on doit la saisir; elle est si opportune, propice ; ne la perdez point !... Votre intérêt, votre devoir, votre honneur, c'est d'en profiter soudain ; vous ne l'aurez peut-être jamais plus !... Celui qui négligerait une opportunité si précieuse de consolidation de sa liberté, se rendrait par ce fait digne d'être victime de son apathie, de son cynisme, de son indifférence ; il mériterait d'être anéanti par le Sarmate ou le Tartare; et il le serait... qu'il soit enfin formé parmi tous une alliance amie ou confédérative, afin de réagir simultanément contre le Russe, qui, dans l'impuissance de résister, ne sera bientôt plus.

Rien n'égale l'énergie du patriotisme, qui fut toujours vainqueur. Toute Confédération patriotique présente la conscience de sa force; elle est donc immanquable. Voilà l'explication du plan et du succès de tout traité fédéral. Un pareil traité fut celui des républiques grecques, celui de la Confédération des Romains et de leurs alliés, les uns et les autres vainqueurs des ennemis de leur temps. Il est inutile de chercher dans l'histoire des Peuples une foule de semblables exemples à l'appui de notre opinion sur le système de combinaison fédérative. Les Anglo-Français sont les auteurs d'un nouveau genre de confédération et d'un nouveau système d'honneur national et de liberté. Nullement imitateurs, ils tirent d'eux-mêmes leurs propres inspirations fondées sur leur profond amour de la patrie et de la liberté. C'est le propre de ces excellents Peuples, les plus libres des temps modernes..... Ils feront revivre et briller l'Europe par le renversement du Moscovitisme et du Czarisme.

CHANCES ET CONDITIONS D'ÉQUILIBRE.

I.

Quel que soit le résultat ultérieur de la question des affaires d'Orient, pour que l'Europe, un moment équilibrée, offrit plus de chances, plus de gages de probabilité de paix, il faudrait pour base le concours des conditions suivantes, savoir : 1º Les États de l'Europe constamment combinés selon les principes Anglo-Français, dans le but de maintenir dans l'ordre la Russie, ou pour parler plus juste, dans celui de l'annihiler; 2º Le rétablissement de l'Empire Ottoman dans ses droits respectifs et ses possessions intégrales; 3º La régénération des Nations Polonaise, Hongroise et Italienne à l'instar de la France et de l'Angleterre; 4º L'Autriche dans ses strictes limites, et la cession de son gouvernement sur la moindre partie de la Peninsule italienne; 5º La cession du Nord-Ouest de la Russie, de l'Asie et de l'Amérique russes, ou plutôt la réduction en provinces ou colonies européennes de ce trop vaste empire; il n'est guère d'autre voie de pacification, ni d'autre ancre de salut commun... *Semper bellum, cum barbaris, nunquàm pax...*

Il en est des Peuples et des Empires, comme des divers ordres ou classes de citoyens d'un État; les uns sont trop étendus et trop opulents, les autres médiocres en tout, d'autres enfin trop petits et trop gueux; rarement le niveau politique; de là, les ébranlements fréquents, les guerres, les révolutions. L'Empire Russe est énormément gigantesque sous tous les rapports; son immensité de population et d'étendue territoriale écrase fatalement l'Europe; c'est un fait de toute évidence.

Quelles que soient, au reste, les conséquences de l'équilibre momentané ou de tout équivalent de pacification, ces conditions encore ne sauraient raisonnablement suffire, sans calculs nouveaux, ni redoublement de développements agricoles, de colonisations constantes et perfectionnées, sans un peu plus de liberté politique, industrielle et commerciale. La vigueur donc à l'industrie, au commerce, à l'agriculture. Temples et monuments nouveaux élevés aux arts, au génie ! Protection et rémunération plus sensibles pour les gens de lettres, le mérite, la vertu ! En tuant l'industrie, écrasant l'agriculture, les arts, et persécutant le génie, les chefs des Peuples se suicident inévitablement...

II.

Toute nation, en général, peut être retrempée, s'empreindre de plus de force vivace, prendre un profil plus physionomique, revêtir enfin un nouvel aspect. Cette sorte de stimulant d'énergie, de rajeunissement, d'ardeur électrique est un autre rayon de vie et de flamme, une nouvelle fondation politico-agricole ou création coloniale ; on verra ceci plus au long au livre quatrième.

En définitive, la guerre Européenne est là, avec un océan de conséquences, heureuses pour les uns, funestes pour le lâche, le parjure; de riche, de splendide pour les Anglo-Franco-Turcs ; de chute et de mort pour le gouvernement moscovite et pour ses misérables complices..... Loin de nous toutefois, nous l'avons déjà exprimé, le vœu inconsidéré et profane de la guerre déjà allumée, universelle, peut-être. Les plus brillants exploits, les plus majestueux trophées de gloire sont ceux qui, comme une sorte de révolution pacifique et de combinaison fraternelle et ferme, s'obtiennent et s'effectuent, autant que possible, par la raison, la justice, la liberté, la puissance morale... Ce sont là les magnanimes expédients des Peuples généreux, influents et législateurs, réunissant avec bonheur l'énergie et la vertu ; tels sont entre autres Peuples les Anglo-Français !...

Un grand fait vient de s'accomplir ; c'est celui des Peuples Européens combinés, et spontanément unanimes, selon les principes généreux et mémorables de l'initiative Anglo-Française ; les augures sont favorables pour l'élan vengeur ; tout devient sinistre présage pour la Russie ; sa cause est désespérée.....

III.

Le système politique de l'Europe s'est constamment présenté jusqu'à ces temps sous un double point de vue ; savoir : le Nord et le Midi ou l'Occident. Ce double camp mérite de sérieuses appréciations. Le Nord pressé par le besoin, l'âpreté du climat, l'immense flot de population répandue sur un vaste sol illimité, que féconderait pourtant la culture, ne produisant que bois de construction, presse à son tour sensiblement le Midi. Le camp ou Triumvirat normand composé jusqu'à ce jour de la Russie, l'Autriche et la Prusse, par son mouvement et le calcul assuré de son poids, porte, à des jours donnés, sur toute la ligne, c'est-à-dire sur toute l'Europe Occidentale et Méridionale.

Aujourd'hui la situation politique, modifiée par les évènements, ayant changé de face au sujet de l'Orient, théâtre de la guerre de ce nom, survenue entre la Russie et la Porte-Ottomane,... l'Autriche et la Prusse, ne pouvant rester en dehors du mouvement, vont probablement se rallier à l'Europe combinée contre la Russie, sous peine d'un traitement pareil à celle-ci ? Que disons-nous ? La neutralité Austro-Prussienne apocryphe et sombre paraît une espèce de dissimulation de mauvaise grâce ;... l'union Anglo-Française pourra bien se passer du concours de ces deux États ; nous avons dit ailleurs que la France et l'Angleterre n'ont pas besoin du ralliement Austro-Prussien, mais qu'elles sauront reconnaître les sympathies de l'Allemagne et de l'Europe amie.....

Le système d'agrandissement progressif du Nord sur le Midi, connu d'assez longtemps, et trop toléré, on a lieu de s'étonner et de se demander, pourquoi les Occidentaux et les Méridionaux ont pu rester jusqu'à ces jours, sans organiser un système de résistance, d'offensive, de conquête même, contre un Triumvirat normand si récalcitrant et si dangereux ?...

A l'œuvre donc entièrement, Peuples européens, et sous peine d'inévitable péril ! effectuez, consacrez d'une manière stable et définitive, ce traité solennel commencé par l'Anglo-Français, pour la défense commune, pour celle du territoire respectif de tout un sol continental, appelé comme autrefois celui de Rome et de Sparte, à de hautes destinées, comme école et centre de la civilisation du génie et de la liberté.

IV.

La France, l'Angleterre et autres États amis, que l'on peut appeler l'Europe Anglo-Française ou l'Europe combinée, ont effectivement le plus puissant intérêt d'être parfaitement unanimes, par ce multiple traité d'union, afin de triompher plutôt de l'hydre irritée, et de sa domination redoutable.

Si, sans cette urgente et politique union, en eût laissé d'abord cyniquement échouer l'Empire Ottoman, que les peuples du Sud-Ouest y songent sérieusement, les uns et les autres eussent été successivement asservis par le Tartare Moscovite. Le Nord absorberait, engloutirait tout ; la désolation et la mort étendraient un vaste réseau de douleur et de deuil sur l'Europe malheureuse. La terre de la civilisation et du génie ne serait plus rien. Les débris des lettres, des arts, de la liberté n'échapperaient du naufrage, que par leur refuge dans l'Inde américaine, au spectacle déchirant du drapeau des Czars flottant dans nos contrées, sur les hauteurs de Londres, Munich, Paris, Rome, Madrid. Mais le triple étendard Anglo-Franco-Turc, plus fort que l'Aigle et le drapeau du Nord, va terrasser à coup sûr l'odieux agresseur, et flotter pour longtemps sur les hauteurs de l'orgueilleuse Moskwa menaçant en vain de son joug et de ses fers les rois et les empires...

MOUVEMENT UNIVERSEL.

I.

Malgré la fluctuation des circonstances diverses soulevée sur la scène politique, et bien qu'il ne soit pas besoin de forces égales pour aider les Musulmans à repousser et vaincre les Russes livrés en Orient à leurs Saturnales incendiaires et sanglantes, les Anglais et les Français, principaux peuples de l'Europe, se sont montré spontanément debout, sur le pied de guerre, dans le but de participer, comme on le voit, aux opérations militaires des Turcs.

Ces plans, ces vastes mouvements, cette attitude en armes des Puissances combinées, grandies du flot toujours croissant, généreux, magnanime de toutes Nations, pour voler aux combats contre les Normands moscovites, sont heureux autant qu'admirables, et vont consolider, chez les peuples de l'Occident, le droit de rester les arbitres de la civilisation et de la liberté des États.

Tous les préparatifs, tous les calculs se font journellement ; toutes les opérations sont parfaitement identiques avec celles d'Angleterre et de France dont on se fait gloire d'imiter le mouvement et l'exemple...

C'est effectivement une touchante et solennelle confédération amie et sociale des peuples, d'ardents dévoués de tous États, où chacun sait mettre du sien, et tout pays fournir sa part... Les ports les fleuves, les routes, les canaux, les mers sont ouverts pour tous les alliés amis, mais fermés à l'ennemi, au fourbe, au parjure.

II.

Les pays respectifs sont transformés sur les côtes ou immenses bazars, en vastes arsenaux ; cohortes d'élite expéditionaires et de débarquement. On lève et fournit de nouvelles troupes, on arbore les pavillons, on équipe des flottes ; tout se tient prêt pour le signal attendu. D'un côté mille travaux prodigieux et divers, de l'autre l'occupation des positions, le matériel des approvisionnements des tentes et des camps. Déjà le Russe se trouve investi sur plusieurs points. Ses ports, ses places fortes tombent sous nos coups. Les îles d'Aland dans la Baltique, Sébastopol prochainement, sur la mer Noire, tomberont en notre pouvoir. Les héros moscovites du Volga et du Danube ne sont qu'un fantôme, ils plient sur tous les points ; leur audace, leur jactance s'évanouit ; leur flotte, leurs forces sont comme anéanties !

Les légions, les flottes combinées poursuivent sans relâche les hordes de satellites du géant du Nord. Nos braves soldats, nos héros frappent partout le colosse, se couvrent de gloire!... Notre char triomphal déborde des lauriers de la victoire!... Anglais, Français, Turcs s'immortalisent par des prodiges de valeur dans la conquête de la Toison-d'Or d'honneur et de liberté. Les triples unis mettant le Russe à la raison, sauront renverser cet autre Goliath!... La France et l'Angleterre tiendraient seules en échec les puissances du monde, et repousseraient toutes les forces de la terre...

III.

Les Peuples, l'univers ont l'œil sur le brûlant de la situation, sur cet ébranlement profond et ces légions formidables, composant l'immortelle expédition d'Orient, dessinée à cette heure en puissants traits de feu!... La face de l'Europe, du globe entier peut-être, est près de subir une glorieuse et brillante transformation. Un nouvel horizon!.. Un nouvel avenir!... Un nouvel univers!... La terre ainsi régénérée, le monde civil et politique ressuscité, plus libre, et plus rempli d'énergie et de flamme!...

Les lettres, les arts, le génie, la civilisation Anglo-Française, les opulents et belliqueux pays de l'Europe triompheront à coup sûr, et ne souffriront point que l'Empire Ottoman, ni aucun autre Peuple ami ou malheureux soient la proie de l'étranger, voués au martyre, à la destruction... O France chérie! O Grande-Bretagne sage! O dignes Peuples européens amis! O Turquie énergique et sublime que l'on croyait morte! Votre confraternité est auguste et touchante autant qu'admirable et juste... Cette grande révolution d'entente amie, ce plan sublime et mémorable est infaillible, empreint du sceau du véritable honneur, de la solide gloire, de la magnanime grandeur ! Enfin ces temps célèbres seront toute une épopée dans les fastes de l'histoire...

Ces combinaisons fédératives, ces plans de sagesse opérés, que l'on s'arrange après cela dans le Nord chez le Sarmate comme on voudra, ainsi qu'ailleurs à l'étranger. La France, l'Angleterre, la Turquie et les États amis ont tout à espérer d'heureux, l'ennemi tout à redouter. D'ailleurs, la politique Anglo-Franco-Turque a partout de nombreuses sympathies chez les Peuples de l'Ancien et du Nouveau-Monde. Ainsi l'Occident et le Midi ne seront point subjugués, ni réduits en provinces cosaques ou Achaïe moderne...

En résumé, la Puissance colossale du Nord aux tendances d'envahissement, de vandalisme incendiaire et de sang est sur le point de s'écrouler et périr;... L'influence morale Anglo-Française ne périra point!... L'équilibre politique reparaîtra plus splendide!... Les empires, l'avenir, l'univers sont appelés à briller, à être heureux, libres et moraux ; plus de débris ni de ruines un jour...

Vainement la conflagration orientale allumée par le Catilina de Pétersbourg peut étendre ses rameaux sur divers points de l'Europe, devenir même générale; la paix, les arts civilisateurs, et la liberté si désirables renaîtront avec plus d'éclat. Paris et Londres ne peuvent périr, leur impulsion puissante, majestueuse et morale rayonnera sur l'aile des siècles !

Le génie Anglo-Franc social et civilisateur sauvera l'Europe de la décadence, assignant à tout son niveau et sa dignité. Des manifestes, des Ukases, ou plutôt des actes de proscription et de mort, lancés au milieu des foudres et des éclairs ; des appels à la fureur du glaive et à l'extermination, ne doivent point décider du sort de la terre ni du genre humain !...

IV.

Dans toute situation, que les temps soient orageux ou calmes, si les éléments constituant le bien-être moral et matériel des États, connus sous le nom d'économie politique, donnant le thermomètre de la prospérité publique ; si ce bien-être universel que nous avons voulu mettre en relief, dans le cours de ce travail, et dont le maximum ne peut naître que de la marche positive vers un résultat perfectionné, si ces éléments enfin sublimes et divers d'amélioration et de perfectionnement, consacrés par les mœurs, l'expérience et les siècles, doivent être en harmonie, il est sur ce fait, logique et conséquent, que les Peuples, les arts, les talents, les cultes eux-mêmes doivent pareillement faire partie de l'unité sociale, être combinés et frères ; que les sociétés doivent être amies ou alliées, et les nations sœurs. Effectivement, en fait d'économie politique, tout doit être en union, dans une harmonie parfaite, se prêter un mutuel appui ; c'est là, l'idée la plus sensible, l'expression la plus vive, de ce que l'on entend par l'organisme législatif, le progrès civilisateur, pour obtenir une liberté plus perfectionnée, une plus grande moralité, un équilibre plus stable. Tel est le génie caractéristique et sublime de la France et de l'Angleterre, qu'à tout instant on ne peut que nommer, telle est leur influence amie et propice, leur puissance morale ;... l'esprit bas glouton et rapace du Russe est loin de présenter un pareil lustre d'analogie, de renommée et de magnanimité.....

La guerre allumée en Orient doit être considérée comme le but et le résultat du triomphe, des mœurs, du perfectionnement, du progrès, des lumières, de la liberté politique et religieuse reconquise ; et celle-ci, comme la foi des traités, tacites ou solennels, la cause sacrée de la justice et de l'humanité, de la civilisation éternelle des siècles ; cette cause se trouve ouvertement violée par la Russie, et c'est cette infraction au droit des gens, que les forces combinées de France et d'Angleterre ont mission de punir en secourant les Turcs, et combattant pour eux ; mission sainte et grande, de devoir et de dévouement patriotiques !....

Cette guerre n'est point une campagne ordinaire, mais une expédition étonnante et formidable, dont l'immortalité historique rayonnera dans les âges !.... Cette expédition patriotique, imposante, ces combats légitimes pourront être nommés à juste titre, le grand drame politique, la révolution des révolutions, ou la révolution mémorable, immortelle ; c'est, l'avons-nous dit, la terrible question de vie ou de mort !....

L'Europe Anglo-Française ou combinée et protectrice, c'est la dignité, la liberté, la puissance morale, la vie ;.... l'Europe moscovite ou barbare, c'est la lâcheté, la rapine, le despotisme affreux, la mort !.... Cette expédition enfin ou la grande révolution orientale du siècle, c'est encore la civilisation et la barbarie aux prises ; l'anéantissement sera pour celle-ci, le triomphe et la palme d'or pour l'autre !....

V.

Un pays ardent, généreux, protecteur ou sympathique, blessé dans ses droits, sa dignité, son honneur, ou dans ceux d'une puissance alliée ou amie, sait s'immoler au besoin en toute circonstance, se dévouer entièrement. Or, périr pour périr, le Peuple ottoman, énergique, exaspéré des attaques contre son pays du fait des Russes, brûlait de périr, mais libre, mais grand, mais avec gloire !!! Ce pays de cœur n'eût pu survivre au triomphe de la barbarie cosaque, mais la victoire couronnera les efforts nationaux et sublimes du musulman, comme le bras vengeur et puissant des Peuples alliés Anglo-Francs, vrais et dignes européens, blessés également dans leurs intérêts et leur honneur, ainsi que par l'insulte et la lésion grave envers les Turcs et les provinces de cet empire.

Quel spectacle admirable, touchant, que celui des pays où la justice est alliée à l'héroïsme, à la grandeur, comme chez l'Anglo-Français-Turc. En de pays tels, les arts, les mœurs, le génie se montrent de plus en plus, dans leur sublime mouvement d'ascension, à la hauteur de tout l'éclat du siècle, et l'esprit de ruine, d'irruption et de barbarie se réduit à l'impuissance.

La Russie subjuguée, son gouvernement terroriste et despotique aboli, son immense population morigénée, formée aux principes de véritable sociabilité, l'Europe et la terre pourront alors briller de plus de flammes du progrès, et du Génie social et civilisateur des nations ;.... c'est le secret de la grandeur des Peuples et de la prospérité des États....

La politique magnanime de l'Europe occidentale et méridionale est unanime et juste ; or, tout ce qui est juste est parfait ! Anglais, Français, Turcs, et nombreux alliés honorables de toutes nations, chacun agit simultanément, tous abondent dans un même sens, tendent au but constant, touchant les affaires d'Orient, pour que les résultats tournent au bien commun et général. La politique moscovite se révèle dans toute sa misère et son néant ! Elle est entièrement négative. Le Russe est seul et va rester infailliblement seul.

Que peuvent donc prétendre ces hordes de cosaques barbares ? Que peuvent espérer ces obscurs et prosaïques zoïles d'une puissance poétique de liberté législative, de progrès civilisateur et de Génie ?.... Toutes les nations de l'Europe pour proie ?... Tout l'univers pour butin ? Le Russe furieux apprend déjà chèrement que le souffle terrible et vengeur se répand chaque jour sur son sol, dans les îles d'Aland sur la Baltique, dans la Péninsule de la Crimée sur la mer Noire; la foudre gronde, éclate sur sa tête. Gorschacoff, Menchicoff, ces demi-dieux naguère du Danube, ces héros prétendus invincibles, avec leurs innombrables troupes délite, ont préludé aux honneurs de la défaite, d'une entière déroute, d'une évacuation complète des États Danubiens. Il a suffi d'une très-courte période de quelques mois pour écraser ou mettre en fuite ces fiers, mais vains ennemis. Giurgewo, Silistrie, Roustchouk, Bucharest, Choumla, sur le Danube, sont délivrées de la présence du cosaque, de l'odieux cannibale, de son horrible domination. Dans le Nord, Bomard-Sund; dans le Levant, Simféropol, Eupatoria et Sébastopol sont tombés au pouvoir du valeureux et sublime Anglo-Franco-Turc. Violet et frémissant de fureur, le Titan moscovite frappe en vain de son pied dans Pétersbourg, et, comme se ravisant, mais un peu tard, pour son malheur, il ne peut déjà revenir de son épouvantable méprise sur l'élan impétueux des armées sociales, ou légions alliées amies, auxquelles il suffira du printemps prochain pour arborer le drapeau sur la capitale et le Kremlin, ce qui peut fort bien lui arriver; au reste, c'est le moyen radical d'en finir avec le moscovite félon.

LE GÉNIE DE L'EUROPE.

DÉNOUEMENT DU DRAME D'ORIENT.

LIVRE QUATRIÈME.

ÉLÉMENTS DE PROSPÉRITÉ.

I.

Puisque tout ce qui constitue le bien-être des États, porté à son plus haut degré possible, est l'objet constant des sollicitudes et des efforts des Peuples, il n'est donc pas sans importance d'aborder la question des principaux éléments de prospérité qui doivent se traduire par ce bien-être général. Or, l'histoire des Peuples et de leurs révolutions étant de plus celle des pays qu'ils habitent, il s'ensuit qu'en tout pays ou tout État du monde, le génie social ou la vie, l'art colonial par excellence ou l'agriculture proprement dite et les lumières, sont donc les conditions primitives, morales et matérielles de l'existence civile et politique, et la principale base des sociétés.

L'intelligence et la pensée ont leur besoin d'aliment ou d'action sur le progrès de l'humanité, et l'espèce tire sa nourriture des végétaux ou produits du sol. Un sol quelconque doit donc être essentiellement cultivé, selon sa nature, et les habitants doivent en être essentiellement agricoles. Le génie est le père des arts, et l'agriculture en est la sœur et la mère.

Le génie et l'agriculture sont le souffle divin des Peuples, les anges aux ailes d'or, du bonheur de l'homme et de la prospérité universelle.

Or, si les arts fleurissent, si les États, la justice et les gouvernements brillent, ils ne reçoivent leur lustre et leur prospérité que de l'agriculture et du génie, du commerce et des arts. Mais que seraient les arts, les tissus, la pourpre, l'or, les diamants, sans l'agriculture et le génie?

II.

Un rapport fixe ou équilibre entre l'étendue du territoire et le nombre d'habitants ne saurait être exactement calculé. L'expérience démontre pourtant, que l'on peut estimer qu'un pays, quelles que soient les qualités du terrain, et quels que soient les degrés de fertilité, peut contenir environ 100 habitants par kilomètre carré.

Un État, une colonie peuvent être ravivés, comme nous avons vu, c'est-à-dire régénérés. Sont-ils vastes, d'une sorte d'immensité d'étendue? Appel alors à d'autres pays, recours à divers moyens, naturalisation ; sont-ils surchargés ou devenus insuffisants? Eh bien! colonisations immédiates, constantes dans les pays dépeuplés. Tels sont les moyens d'établir le niveau ou le rapport proportionnel des habitants avec le sol.

Les archipels peuvent être aussi peuplés que la terre ferme, sous les tropiques, les mers être couvertes de plus de vaisseaux, et à bord de ceux-ci, plus de nombreux, passagers, colons, ou expéditionnaires admis.

Les populations des contrées devraient être répandues, autant que possible, sur toute l'étendue du sol dans des distances et des proportions, pour ainsi dire, égales ; attirée, entraînée par l'éclat du luxe et des arts, la foule des campagnes se porte et s'agglomère, comme on verra ci-après, dans les villes, comme les eaux des sources, des torrents, et les fleuves se précipitent dans le bassin des mers, avec cette différence, que nulle digue n'arrêterait leur cours, tandis qu'une législation protectrice, des impôts modérés et de vrais encouragements à l'agriculture, maintiendraient le niveau de la diffusion des habitants sur le sol, produiraient d'immenses revenus agricoles de plus, les seuls et vrais biens dont on ne peut se passer, en faisant ainsi refluer salutairement le flot populeux dans les campagnes ; la décentralisation contribuerait encore à ces heureux résultats.

III.

Dans tout État, toute compagnie coloniale, les produits des arts, comme les industriels ne sauraient se passer les uns des autres. La soie, les tissus, les diamants et l'or ne sont, comme il a été dit, que des objets de luxe, d'un prix élevé, d'un grand mérite sans doute ; mais les comestibles, les céréales ou grains de toute espèce, les vins, liqueurs, plantes, fruits, végétaux divers sont plus précieux, plus indispensables encore, puisque à la rigueur, on peut ajourner ou supprimer en partie l'usage des objets de luxe, mais non celui des produits du sol ou la nourriture.

L'agriculture est donc le premier des arts ; elle assure

ainsi, pour conséquence logique, les ressources du premier ordre ; tous les genres d'industrie ne viennent qu'après ou en seconde ligne ; et ne sont que des accessoires fictifs groupés autour de l'art agricole ;.... l'agriculture pratique perfectionnée, outre sa primauté est l'art le plus riche et le plus fécond, puisque la valeur des produits agricoles annuels, égale la valeur totale des autres industries calculées ensemble.

Tout gouvernement désirant la durée, un solide et riche avenir, portera l'ardeur la plus vive dans la protection des lettres, des talents et de l'agriculture ; celle-ci n'eut jamais plus besoin de la direction des gens de savoir et de capacité ; et, en effet, puisqu'il existe des sociétés savantes, des académies pour les diverses sciences, la peinture, la musique, l'astronomie, l'enseignement des langues, l'histoire, la philosophie,... pourquoi ne fonderait-on pas de même des corps savants, des académies normales pour l'agriculture, sa direction, ses perfectionnements ? Bien qu'il existe des Sociétés et comices agricoles, l'agriculture est encore loin d'être assez perfectionnée et pratique ; elle n'est pas même la vingtième partie de ce qu'elle pourrait être... Le sol le plus ingrat peut être fertilisé, et rendu propre à quelque genre de culture et d'exploitation.

IV.

Chez les anciens orientaux, les citoyens de tout rang, les empereurs chinois, les sages, les philosophes de l'Arabie, de l'Egypte, de la Grèce, le Peuple romain, les Consuls faisaient de la vie champêtre l'objet de leurs charmes, de leurs délices. Les occupations agricoles composaient leur aisance, la richesse publique, l'éclat du pays, la stabilité et la gloire du gouvernement. Les Romains dans leurs mœurs passaient tour-à-tour de la charrue au Consulat ; du Consulat à la charrue, et s'estimaient plus heureux aux champs, que sous la pourpre pontificale ou consulaire.

On peut aisément classer toutes les industries, coordonner toutes les professions, propager les plus utiles (sciences, agriculture, commerce), c'est-à-dire les mettre, outre leur distinction, en harmonie avec la législation et par la législation. Le travail est honorable, une ressource constante, souvent de l'aisance et de la fortune, la sûreté du gouvernement, et la richesse de l'État. Le travail et le pain, voilà la liberté et la religion incarnées, ainsi que le secret des mœurs, des principes, des institutions sociales ou politiques, l'infaillibilité de tous les succès. L'esprit public adonné à l'activité, à l'amour du travail, à l'étude, à la liberté agricole ou coloniale et industrielle, voilà, encore une fois, le secret de conduire les Peuples, l'humanité, les empires à l'éclat, à la gloire, aux prodiges, à la grandeur : la perspective séduisante et magique des espérances, des jouissances idéales, quelquefois sensibles de bonheur et de joie, forme et place sous les yeux un enchanteur et divin tableau !....

Dans nos mœurs, les arts foisonnent et débordent, ils envahissent, ils innondent la société ; les masses des populations, les industriels se précipitent par flots dans la carrière trompeuse de l'ambition qui tourbillonne dans les villes. Une sage législation devrait faire de tous les habitants d'un pays, divisés par exemple en vingt cercles, tribus, cantons ou districts, les dix-neuf vingtièmes de colons par excellence, ou agriculteurs proprement dits.

ÉCONOMIE POLITIQUE.

I.

Les arts et métiers doivent s'unir, s'associer ; les professions, comme les individus ou professionnels qui s'y consacrent, doivent se confédérer, dans le but de commune prospérité, dans celui d'arriver à l'extinction de la souffrance, de la misère ou paupérisme. Les troubles des sociétés, les ébranlements orageux des révolutions prennent leur source, comme le crime, dans la misère, l'ignorance et l'oisiveté.

Un Peuple législateur et colonial doit infiltrer dans les masses l'instruction, la moralité, le sentiment religieux, les *passionner* pour l'agriculture, leur inculquer l'esprit d'ordre, de bien, d'économie ; leur donner enfin de solides institutions sociales ou politiques, basées sur une bonne organisation du travail ; le travail est la première maxime de morale pratique.

Les lois devraient encore neutraliser les écarts qui tiennent de l'excès, comme le déchaînement du luxe, le faste des vêtements recherchés, la bisarrerie de certains costumes gênant les mouvements du corps, nuisant souvent à la santé, le luxe enfin, et l'excès ou de tout le trop, le luxe excessif, dispendieux des vêtements, à l'exemple du grand Lycurgue, celui même de l'orgie et des libations. L'excès en tout genre est nuisible ; il épuise la bourse, tarit le budget domestique, ruine la santé, abrège l'existence humaine. L'antique et rigide Orient, l'Arabe du désert, le sage Grec, le docte et vertueux Romain, sont le type exemplaire de mœurs, de tempérance disciplinaire, et de législation politique et coloniale.

II.

Les lois, les institutions, les mœurs doivent constamment tendre à incarner dans les populations de tout pays, l'agriculture comme étant le premier, le plus utile, le plus indispensable des arts ; l'intituler le plus honorable, et qualifier les agriculteurs le premier ordre de citoyens, un nouveau rang de dignité ou légion d'honneur. L'agriculture n'est encore en véritable honneur qu'à la Chine.

Le propriétaire, le cultivateur devraient être moins écrasés, c'est-à-dire, l'impôt plus modéré ; les taxes, les droits sur les vins, les eaux-de-vie, moins exhorbitants, le fisc, les droits d'octroi plus réduits.

Le commerce des vins en Europe est immense ; l'Espagne et la France font des exportations considérables. Enfin l'agriculture, le commerce des vins doivent être énergiquement encouragés. L'agriculture est l'expression la plus haute de la généralité des choses ; elle représente tous les arts, toutes les industries, et nulle industrie au monde, ni les arts ensemble ne sauraient représenter l'agriculture, ni se passer d'elle....

Cette nourrice universelle et féconde, cette mère des arts est la tribu des mœurs pures, hospitalières, touchantes, ainsi que la source des croyances, des traditions consolantes du foyer ; elle est la sœur ou l'alliée amie des vertus et des talents ; la musique champêtre, la poésie et la lyre lui ont consacré leur amour et leurs chants ! En dernière analyse, l'agriculture est le conservatoire saint de la paix, des libertés, de véritable économie, de richesses réelles, de l'esprit belliqueux pour repousser au besoin l'ennemi public et particulier, le cosaque local comme l'étranger !....

RÉSUMÉ DES INSTITUTIONS DANS L'ÉTAT ET LA COLONIE.

I.

Un pays, un état, une colonie prennent le nom des habitants qui en occupent le sol; de là, les noms de France, Angleterre, Allemagne; de Confédération Suisse, d'Union Américaine, de Colonies ou Compagnies des Indes. Enfin, les institutions et les mœurs nous semblent devoir se résumer de la manière suivante :

Lois de protection et d'encouragement pour les sciences, l'agriculture, les arts. Travaux d'utilité publique. Instruction, études pour tous. Moralité, culte religieux. Rémunérations aux lumières, au dévouement. Secours mutuels, secours à domicile, pensions. Sages libertés. Hôtels de repos et caisses d'épargne et de retraite pour les âgés, les infirmes, les défenseurs de la Patrie. Obéissance aux lois et au Chef de l'État. Mérite, courage, malheur, vertu, belle conduite, actes d'héroïsme, leur juste part au budget. Du pain suffisant, la rétribution et la gloire aux travailleurs.

L'UNION FAIT LA FORCE.

I.

On pourrait instituer des congrès divers. Congrès des produits de la végétation et des arts ; congrès de céréales ; blés, légumes, fruits et grains de toute espèce ; vins, alcools, eaux-de-vie, cidres, bières, spiritueux. Congrès commerciaux ; importations, exportations, sucreries, distillation, verreries, cristaux. Établissements divers ; industries, manufactures, draperies, étoffes en tout genre ; sociétés diverses d'agriculture, comices, instituts, magasins, bazars ; entrepôts de vins à l'instar de ceux de Bercy.....

On conçoit d'après ce qui précède que les industriels, artisans divers, estimables colons, propriétaires ou travailleurs agricoles proprement dits, institués d'abord politiquement, sont encore susceptibles d'être organisés en sociétés ou tribus coloniales, respectives et distinctes d'arts et métiers, notamment et en plus grand nombre, ou plutôt en totalité de la profession de la culture de la terre ; chaque habitant du sol, ou colon enfin, doit être tenu d'avoir des notions d'agriculture pratique ....

II.

L'on remarque avec satisfaction en France, l'heureuse institution de quelques commissions spéciales d'union pour la fixation des valeurs et des prix régulateurs des comestibles ; pain, viande, boissons, grains, dans les principales localités, les villes centrales, pour l'agriculture, le commerce, les jours d'affaires.

Ne remarque-t-on pas encore en Angleterre et en France, l'organisation des sociétés d'agriculture, les congrès des manufactures, laines, draps, soieries ?

L'exposition annuelle des produits des arts ne doit-elle pas ainsi briller des échantillons, des produits et perfectionnements agricoles, et en première ligne ?...

Si chaque spécialité a ses comices, congrès, sociétés d'union, pourquoi l'union des arts, des industriels, surtout de l'agriculture, qu'il s'agit d'encourager plus puissamment que jamais, n'aurait-elle pas les siens ?...

Tel est le véritable organisme d'économie politique qui serait placé, en tout pays, sous le protectorat paternel des gouvernements. Cette union confédérative des arts et des industriels, constitue admirablement entre les travailleurs, les garanties et les rapports les plus parfaits ; tous pour chacun, chacun pour tous ; moyen admirable, sublime, pour se secourir, s'entr'aider, se rémunérer, par une masse de mises ou cotisations ; extinction ainsi du paupérisme.

Les bureaux administratifs et ministériels de l'État cesseraient d'être inondés de l'affluence ou du flot des pétitionnaires, véritable océan de réclamations ;... quel immense service pour les compagnies d'union, les États, les gouvernements, les colonies, les Peuples, l'humanité !....

III.

Certaines unions analogues sont connues en quelques États, notamment en Angleterre et en France, sous la dénomination d'assurances, mais non encore assez perfectionnées, c'est-à-dire, à la portée des plus minimes bourses, de toutes les classes enfin de la société. Cette révolulution de progrès et de perfectionnement, l'osons-nous dire, universellement adoptée un jour, serait la plus heureuse que l'on ait encore connue, sans trop présumer ; les gouvernements protecteurs de telles institutions se trouveraient, ainsi que les citoyens, les plus prospères et le premiers du monde !

La gloire de cette grande révolution de bien universel ne peut être réservée qu'au Peuple Français et au Peuple Anglais, auxquels appartiennent l'éclat du siècle et les gloires du pays, ainsi qu'à tous les philosophes du monde, arbitres les uns et les autres de la prospérité des Empires.......

Or, le bonheur des humains, celui de l'univers réside donc tout entier dans ces amis, ces pères des Peuples... Tout se concentre en ces illustrations ; tout pivote et gravite autour de ces Dieux patriotiques ou divins génies du siècle, comme les planètes et les globes gravitent autour du soleil !..... Ce qu'il est d'utile et de grand se populariss admirablement par les célébrités ; l'univers se dote des merveilles du siècle et du génie !...

DIVISION POLITIQUE.

I.

Puisque l'économie, le bien-être des États et des colonies constituent leur importance et leur rang parmi les nations, pourquoi ne parlerait-on pas de leur division politique. Cette organisation est plus ou moins heureuse. Dans l'État actuel des mœurs, voici le plan divisionnaire le plus plausible, qui nous parait le plus susceptible d'être universellement adopté dans les sociétés modernes. On verra qu'il est analogue, à quelques modifications près, à ceux d'Angleterre, de France, des États Américains, et de toutes sociétés en voie de progrès civilisateur et social.

L'État et la Colonie se distinguent sous le rapport de la division savoir : en souveraineté du Peuple, basée sur le suffrage universel, véritable et libre. En pouvoir législatif, exécutif ou gouvernemental, administratif et judiciaire. En sciences, arts, agriculture, commerce, industrie, navigation. En organisation religieuse, culte de l'État ou le Christianisme. En organisation universitaire d'instruction publique : académies, lycées, écoles en tout genre, auxquels on pourrait joindre les exercices gymnastiques trop négligés de nos jours. En cadres militaires : armée active, armée civique ou nationale. En organisation enfin universelle : agricole, morale, scientifique, littéraire.....

Soit dans un État, soit dans une Colonie, il existe une organisation à peu-près analogue ; il faut donc des mœurs et des lois en tout pays, non des lois oppressives, mais protectrices ; car qu'est-il besoin de système compressif, de régime pénal ou législation afflictive dans un pays où chacun a du pain par un travail à sa portée ? Pourquoi toujours, jusqu'ici, dans la plupart des États, des lois vicieuses, ouvrant une voie aux mesures arbitraires, préventives, révoltantes, qui excluent, désespèrent et soulèvent justement, à la fin, au lieu d'un pouvoir administratif, moral, équitable et conséquemment libre, adoucissant les mœurs, gagnant les citoyens, et les attachant à l'État et au gouvernement ?

Un Peuple législateur, ayant pourvu aux besoins de travail et de pain, le plus essentiel est fait, il n'a plus nécessairement qu'à porter des lois d'encouragement, de protection et de récompense ; moyennant le travail et le pain, inutilité alors de tout appareil de châtiment, de torture, de barbarie, de poteau, de hache homicide ; de tout régime afflictif, infamant, d'horreur et de sang ; abolition enfin de tout dogme d'intolérance politique et religieuse, et vous verrez les mœurs s'épurer et les vertus naître.

II.

En tout pays du monde, le Peuple est la question culminante, et conséquemment l'objet des plus vives et profondes sollicitudes. Les bras du Peuple, des travailleurs renferment les biens réels, un or plus solide, plus précieux que le métal de ce nom. Variété prodigieuse de productions, de richesses immenses, agricoles, vrais trésors, fortune publique et privée, viennent du Peuple, des masses de la classe ouvrière..... habile artisan, penseurs profonds, hommes d'État, diplomates, grands politiques, législateurs, intrépides généraux, gens de lettres, philosophes, viennent encore du Peuple si fécond en services et en prodiges.

Le genre humain tend toujours en son essor à planer dans l'atmosphère du progrès ; rien ne saurait arrêter son vol puissant, rapide et triomphal ; il serait plus facile d'opposer des digues aux flots de l'Océan, que d'arrêter les tendances du monde, l'élan de l'esprit humain, le mouvement du génie social et civilisateur, la puissance et l'influence morale de la France et de l'Angleterre dans les affaires politiques, dans celles d'Orient, dans toute révolution ou évènement sérieux et mémorable ; elles sont l'égide magnanime des intérêts et de la dignité des nations.

Enfin, c'est à rendre les Peuples heureux que tout bon gouvernement doit appliquer ses efforts ; or, c'est ce noble et brillant résultat de prospérité publique, que les gouvernements de France et d'Angleterre, s'efforcent de réaliser dans leur glorieuse mission ! Ils sauvent leur liberté, celle de l'Europe, dans la protection de celle des Turcs.

L'on remarque, en effet, dans ces deux célèbres Nations, un presque passable appel et des encouragements généreux aux sciences, aux arts. Industrie nationale, entreprises, commerce, manufactures, talents, agriculture, sont spécialement protégés. Chez les nations arriérées ou stationnaires, le progrès est à peine à son aurore, ou pour mieux dire, tout reste malheureusement en question.

On voit en ces mêmes États du premier ordre, l'essaim des populations dans un travail général et déjà combiné. Tout est transport enthousiasme et joie dans le tourbillon des masses. Le travail est un hymne saint, une invocation pure et sublime, hommage éclatant de culte à la divinité ! Le Peuple instruit, heureux, occupé, ne commit jamais de mal, fit toujours la prospérité de l'État, la durée et la gloire du gouvernement.

Veut-on, en définitive, élever un pays quelconque au plus haut degré d'éclat, de grandeur et de prospérité, à son apogée de puissance et de gloire ? Que l'on fasse fleurir en ce pays, les sciences, la liberté législative, l'agriculture, l'industrie, les arts, l'on ne saurait trop le redire. C'est de ces éléments puissants et divins, comme il a été dit, que dérivent la grandeur des Peuples et la prospérité des États, recevant exclusivement leur lustre, de ces ressources précieuses, de celles mises à leur portée par la nature, mais surtout des lumières et du génie, qui contribuent si éminemment à multiplier les biens, les résultats matériels et moraux.

C'est ainsi que les anciens Peuples célèbres dont les monuments et l'histoire retracent le souvenir, tels que les

Égyptiens, les Grecs et les Romains que l'on ne peut se lasser de nommer ; ces grands Peuples, disons-nous, ont vu fleurir leurs Empires par la liberté, l'influence morale, les lettres, l'agriculture, les arts, la philosophie... Tels brillent de plus en plus, par de moyens semblables, les Anglais et les Français, tous les Peuples émules ; tel l'équilibre universel reprendra son Empire.

POSITION ASTRONOMIQUE DE LA RUSSIE.

Sol, Climat, Habitants.

I.

Après le rapide aperçu qu'on vient de voir, sur la question d'économie politique, que l'on doit s'efforcer d'obtenir dans les États civilisés, il nous reste un dernier article à discuter sur la Russie.

L'empire Russe si difforme, par son anomalie d'immensité d'étendue, est situé astronomiquement entre 16° et 62° de longitude, 40° et 70° de latitude. Dixième partie de la terre, ce vaste État contient plus de 2/3 du sol, non cultivés.

L'histoire de ce pays ne rentrant pas ici dans notre rapide plan, et nos simples exquisses, nous remarquerons seulement en passant que, privé de toute instruction, la simple lecture est interdite au Peuple Russe ; il n'est que les grands ayant le droit et la faculté d'acquérir les notions des sciences diverses. Placées sous la dépendance du despotisme absolu du Czar et des Seigneurs, les masses sont ainsi plongées dans un abime de prostration et d'esclavage, réduites au dernier dénument, à la misère, à la mort... Une barbarie inflexible pèse sur le pays malheureux.

Le Tyran et les Seigneurs, dans tout le luxe asiatique, costumés de fourrures, de pourpre et d'or, s'absorbent en sobres et tempérés Sybarites, dans un Océan d'indolence et de voluptés. Ivres d'orgueil et de plaisirs, parfumés d'ambroisie et de mille arômes, ils se gorgent à satiété dans leurs gentillesses cannibales. — Le rude travail, les métiers pénibles et rebutants, la faim très-souvent sont le partage de la multitude opprimée, assimilée à la bête de somme, vouée à la fatigue ; les postes lucratifs, la fortune les dignités ne sont que pour ces sortes de dieux matériels et grossiers, brillant seuls en despotes au faite des honneurs, au haut de l'Olympe glorieux de l'empire... Ainsi rien, nul profit pour le Peuple ; le lot, les droits de celui-ci étant négatifs, sa part est ainsi bientôt faite. — Enfin, les palais aux salons de riches tapis et de pourpre, de lambris et d'or pour les heureux du jour, pour ces despotes d'orgueil et de sang, ainsi que brillants équipages, chars magnifiques, riantes villas ; tristes demeures, pauvres mansardes sont le sort des masses, du flot populeux et travailleur ; que du lugubre pour ceux-ci ; que du splendide pour ceux-là ; qu'elle différence ! Quel abime de contraste !...

II.

Le terroir Russe est peu fertile, son climat est glacial au nord ; ce pays renferme d'immenses forêts, son principal commerce consiste en bois de construction ; somme toute : vastes plaines de sable ; blé, vin, chanvre , légumes au sud ; mines d'or , de fer , de cuivre , diamants. La religion grecque est la religion de l'État. Sorte de flamine , ou chef théocrate, le Czar est le chef de la religion et de l'Empire. Son gouvernement est absolu ou despotique , et le Peuple entièrement serf et complètement malheureux. Superficie : 1100,000 kilomètres carrés. Habitants, 70,000,000 , revenu : 500,000,000 de francs. Dette : 2,000,000. Armée : 800,000 hommes. Division : 14 provinces, 75 Gouvernements, Royaumes , États, Districts. N'écrivant qu'un mot épisodique sur ce pays et non l'histoire proprement dite , nous n'avons point à entrer dans le domaine des descriptions et détails sur les diverses peuplades le plus souvent apocriphes qui ont donné lieu à l'agrégation difforme de cet empire immense , composé de Russes, de Sarmates , de Baskirs , et de Tartares principalement , vaincus et soumis successivement par celui qui fut le plus heureux et le plus fort, mais non le plus raisonnable et le plus juste , puisqu'il s'est arrogé sans façon une si grosse et copieuse part, et qu'il voudrait indéfiniment grossir tout d'un trait, si c'était possible, aux dépens des Peuples, de l'Europe, du globe entier.

III.

Les gouvernements de France , d'Angleterre, de Suisse, au lieu d'adonner les mœurs et les Peuples uniquement à la guerre, les adonnent principalement aux sciences , aux arts , à l'utilité publique et générale , aux constructions des chemins de fer, et font de l'industrie et de l'agriculture , la passion dominante..... Ils savent se battre au besoin et vaincre , témoin mille combats immortels, et leur part très-active dans la guerre d'Orient contre l'injustice des envahissements énormes de la Russie, mais ils ne perdent jamais de vue les vrais intérêts, essentiellement agricoles, industriels et commerciaux. Aussi voit-on, en ces beaux et riches pays de l'Europe occidentale, tout étinceler de succès, d'entente et d'enthousiasme. Les relations internationales, les droits respectifs des gens, lient enfin les nations de l'Europe unanime à tous les États de la terre..... Les mers sont couvertes de vaisseaux de toutes les puissances amies ou alliées, unies par la bonne foi, l'intérêt commun, la liberté commerciale, les traités.

PERFIDIE.

I.

Sous le voile astucieux de protectorat direct, sur le culte religieux du plus grand nombre des Musulmans, notamment de ceux des principautés de Servie, de Moldavie et de Valachie, l'Empereur Russe s'efforçait d'abord d'envelopper son ambition, lorsqu'il est enfin venu au point de la laisser éclater par l'entrée de ses troupes dans ces trois pays dépendants du territoire ottoman..... Qui possède le plus le droit d'exercer cette influence politique et morale ou protectorat direct sur les Musulmans, du Czar étranger et leur ennemi depuis des siècles, ou du Sultan lui-même ? N'est-ce pas incontestablement celui-ci, seul Chef légitime de ces Peuples, comme celui de tout l'Empire Ottoman ?...

Cette tergiversation, cette usurpation flagrante moscovite des principautés Danubiennes ; ces attaques contre la Turquie en général contre l'Europe entière ne sont que de la perfidie de la part de l'Empereur Russe, qui ne fait la guerre aux Turcs que pour s'emparer sans façon du pays des Croyants, de la couronne du Sultan, de celle de tous les rois....

II.

Les Ottomans du Danube ni ceux du reste de l'Empire, ne veulent nullement du prétendu protectorat Russe, et le repoussent avec énergie et avec mépris, ainsi que l'Europe indignée. Or, le Czar n'eut jamais le droit de porter les armes dans les États Danubiens, contre la Turquie, contre aucun pays du monde pour les asservir, pour y exercer aucune espèce d'influence, ou, pour parler plus juste, dans le but d'y établir sa domination ; il est donc dans un tort insigne en combattant les Turcs et leurs alliés, et au mépris des représentations amicales des gouvernements de France et d'Angleterre ; le Minotaure russe orgueilleux, inexorable, liberticide des Peuples et des Nations, a soif de barbarie et d'agrandissement ; voilà tout ;... jusqu'à son humble gloutonnerie.....

L'invasion, la cruauté, le sang, révèlent invariablement le caractère barbare, les tendances de rapacité des peuplades vagabondes de l'ancienne et moderne Moskwa, et, dans un temps, où les États Européens en général, sont presque tous florissants, le seul Empire de Russie voudrait écraser par les armes le Sultan, les Rois de l'Europe et dépouiller les uns et les autres de leurs États. *Totum terrarum orbem appetit.*

III.

En définitive, la guerre combinée d'Orient présente un

caractère majestueux de grandeur et de moralité, puisqu'elle n'est point une confiscation, mais un programme de principes, du respect et de la liberté des Peuples et des Nations, une voie ouverte à quelque solution pacifique de dignité ; mais que disons-nous ? Que serait la paix d'un jour ? L'Europe, les Peuples, les Anglo-Français, les Turcs préfèrent noblement la guerre que les circonstances et la gravité des évènements et de la situation commandent impérieusement, et dont le théâtre va s'étendre de l'Orient, dans des proportions plus vastes, renfermant les pays situés sur le Rhin, la Vistule, le Danube et le Volga. Que sert-il de se le dissimuler ?... L'Europe est appelée à ressusciter entièrement ou à périr; la puissance colossale moscovite doit être anéantie !... Différemment, l'Europe ne serait plus rien, et l'Inde Américaine deviendrait la maitresse et l'arbitre de la terre...

Les chances d'une paix solide et durable en Europe, que l'auteur de ces lignes désirerait vivement, ne peuvent naitre que de la chute entière de la Russie, encore une fois, et de sa réduction absolue en provinces ou colonies européennes ;... c'est la seule probabilité de pacification, l'unique solution possible de la question d'Orient et de tout problème politique en Europe.....

IV.

Par les temps actuels de crise et d'ébranlement, il ne doit point être de masque d'indigne et coupable neutralité, encore une fois, sous peine de péril et du stygmate réprobateur de l'histoire et de la postérité..... Si l'on faisait attention au dévouement magnanime et héroïque de la France et de l'Angleterre, qui sauveront la Turquie, l'Europe désolée, en assurant leur avenir contre les fureurs de la Russie, quel dédommagement envers ces deux grandes Nations pourrait jamais être possible et suffisant?...

Dans son affreuse politique, le Czar, entamant les hostilités par la Turquie, pensait en vain s'emparer des mers, iles, ports, principautés, États divers du levant, et, après l'asservissement des Moldaves, Valaques, Serviens et des Turcs exterminés ou vaincus, engloutir dès-lors, la Prusse, l'Autriche, l'Occident, l'Europe entière, comme il a fait de la Pologne, et arriver enfin plus facilement à s'emparer surtout de cet Occident qu'il convoite, qu'il idolâtre avec transport, de ce bijou, ce diamant précieux, composé des beaux et riches pays d'Allemagne, d'Angleterre, de France, de Suisse, d'Italie, d'Espagne. Quelles délicieuses Hespérides au doux climat d'azur, aux séduisants et riches fruits d'or que ce magnifique Occident pour le Sarmate ! Comme il s'y complairait volontiers !...

V.

Voilà les séduisants points de vue de l'antropophage agrandissement moscovite. Mais les forces alliées victorieuses du czarisme et du moscovitisme affreux, ouvriront à plus de cent millions d'Européens unis les portes du Nord, de l'Orient, et les chemins de Vienne, Berlin et Moscou, que les Occidentaux, surtout les Français, savent par cœur, pour arriver à conjurer l'orage. Le Russe, investi sur les principaux points, sans vivres, et démoralisé, ne peut éviter de s'écrouler, privé de plus des éléments homogènes de discipline et de célérité.

Le désordre passe déjà dans les rangs des ennemis sur le point d'être entièrement désorientés, en perdant les climats si chéris de l'Orient. Désorientés en tout, dans leurs plans, comme dans l'entreprise de la guerre la plus injuste et la plus inconsidérée. Sur plusieurs points flottent nos drapeaux, et d'ici au printemps, ils flotteront, si besoin est sur tous les points les plus importants et les plus inexpugnables du centre de l'Europe, c'est-à-dire sur le Rhin, la Vistule, le Danube et le Volga ;... c'est aux Anglo-Français d'être les arbitres de la civilisation, de la liberté, de l'Europe et du monde, et non aux Sarmates cannibales et barbares, ni aux Austro-Prussiens en vertu des Congrès de Vienne............

Positivement, le génie de la France et de l'Angleterre doit planer sur les Deux-Mondes, exercer une influence amie, donner la puissance morale. Le génie Anglo-Franc, enfin, peut seul inspirer les grandes pensées, poétiser les mouvements des Peuples, répandre les vrais principes démocratiques ou fraternels et religieux, consolider la gloire et la liberté des États.

CONJECTURES SUR L'ISSUE DE LA GUERRE.

I.

La question d'Orient ou la guerre de ce nom, que l'on peut appeler, à plus juste titre, la grande question européenne ou guerre générale, est justement l'objet de toutes les sollicitudes, des sympathies universelles pour son heureuse issue, pour la liberté des Peuples et le salut commun.

Ainsi ce est moins du passé des Peuples d'Europe qu'il

s'agit le plus aujourd'hui, que de leur avenir, sous le rapport d'une ère d'éclat et de prospérité.

Il nous reste donc à remarquer que, dans la lutte d'Orient, l'évacuation par les Russes des principautés turques ne saurait suffire aux bases d'un traité de paix, ni combler logiquement la mesure des satisfactions. Nous dirons plus : la Pologne, la Hongrie et l'Italie régénérées et libres ; la cession par le Russe des îles de la Baltique, de la Laponie ou Finlande, du Caucase, de la Géorgie, de la Besse-Arabie, de la Crimée et des mers du Levant, ne sauraient, ainsi que les frais de la guerre, remédier à grand chose, ni être l'ombre du dédommagement à tant de crises, de sacrifices et de calamités. La nécessité, les armistices, une vaine diplomatie ou politique de cabinet, ni les congrès de Vienne ne sauraient présenter le caractère de sentiments généreux, de désintéressement, de patriotisme, de relations internationales amies, ni la garantie de convictions morales de vraie puissance, toute de civilisation et de sympathique liberté ; ni la certitude, enfin d'une religieuse observance des traités de la part de la Russie ; au reste, quant à tout traité, entre parties belligérantes, il n'est plus temps pour le Russe. Le glaive occidental ne doit rentrer dans le fourreau qu'après le triomphe complet de la cause de la civilisation en Europe.

II.

Par ces temps d'agitation et d'ébranlements soulevés par le gouvernement du Czar, les plaies de l'Europe existeraient toujours avec les semblants et les demi-mesures ; l'on doit donc, et plus fortement qu'à nulle autre époque, s'en tenir aux principes qui sont constants, impérissables, et non aux expédients simulés, aux demi-conquêtes qui ne sont que des systèmes et non pas des principes..... Les Anglo-Français ne connaissent point les demi-moyens, et leurs principes invariables et sûrs sont ceux des sciences, des arts et de la guerre, non seulement contre les Cosaques de la Russie, mais contre tous les Cosaques du monde.

Or, à quelque apparence de traité que l'on amenât un moment le Russe, il est constant que son esprit d'agrandissement et de terrorisme incendiaire resterait toujours le même ;.... la question consiste donc, non-seulement dans l'évacuation par les Russes des principautés Danubiennes, mais encore dans la nécessité pour les puissances combinées de subjuguer entièrement et réformer l'empire de Russie ; différemment, tous les États seraient subjugués par ce colosse pays.... L'Europe ou la Russie doivent périr tôt ou tard ; nous l'avons remarqué plusieurs fois....

III.

Puis, donc, qu'un immense matériel de bagages et de soldats d'élite occupent le théâtre de la guerre, et dans le but d'éviter de nouvelles expéditions ; les puissances combinées et le reste de l'Europe vont infailliblement se concerter, réagir à la fois, maintenir le blocus opiniâtre, poursuivre, serrer de près, et soumettre enfin le Vampire insatiable et dévorant.... C'est le seul moyen de voir en Europe la fin des révolutions et des périls aussi longs que les siècles.... L'expédition d'Orient accomplira glorieusement et entièrement sa mission.

Cette ligne d'attitude adoptée, et ce programme politique, suivi sans doute, l'heure de la Russie doit être venue, et sa chûte jurée ;..... cet empire orgueilleux doit être soudain et irrévocablement enveloppé des foudres vengeurs ; le volcan irrité plane déjà sur la tête de cet autre Encelade. Ce terroriste, qui prétendait subjuguer les nations, les réduire en provinces cosaques, le voilà lui-même ce démesuré colosse, ébranlé déjà sur son socle, sur le point de succomber et d'être englouti sans retour !...

Sans cesse menaçant l'Europe et le monde, le Scythe audacieux de Pétersbourg a cherché constamment à entraîner dans ses plans d'ambition l'Autriche et la Prusse dans le coupable but d'asservir les États, les uns par les autres, jusqu'au dernier. Quel plaisir pour lui d'avoir un jour pu tenir la terre entière sous sa domination de fer, d'orgueil et de défi. Le Czar, en effet, méprise assez les Peuples et les Rois, pour les régaler fréquemment de quelque cartel, témoin celui de l'Orient ; il est significatif et sans besoin de commentaires ; le tout pourtant, sans calculer qu'il suffirait d'un seul Peuple, bien qu'inférieur en nombre, pour le tenir en échec, faire plier ses drapeaux et le vaincre, surtout l'Anglais ou le Français, accourus noblement à côté des Turcs pour en finir plutôt. On a lieu de s'étonner et de se demander, pourquoi la polique Austro-Prussienne semble méconnaître la vérité du péril de leurs propres États, engloutis un jour sans façon par la Russie.

IV.

Mais le colosse russe vaincu par les Anglo-Franco-Turcs, par les légions des dignes États européens, qui grossissent tous les jours les rangs des alliés, sera réduit à l'impuissance et à ses dieux irrités.... Vainement le Cosaque s'agite et rugit ; il doit succomber dans sa fureur, malgré sa jactance, son orgueil et tous ses armements divers. L'Europe en est à ces terribles moments, moments décisifs, solennels et suprêmes, qui doivent décider de son sort et des destinées du monde !.... La grande famille unie ou la Société européenne, ainsi que les triples alliés, vont confondre les uns et les autres leurs intérêts, leur patriotisme et se trouver spontanément sur le Mont-Sacré de la Crimée Chersonèse, de la Pologne, de la Hongrie, des États Danubiens, et s'écrier : Peuples! vivre ou mourir libres !... La Russie est sur le point de s'écrouler avec son dernier chef. L'énormité de ce colossal empire constitue sur le cadre politique du continent une anomalie monstrueuse ; nous l'avons déjà dit.

Les Czars pensent niaisement que la grandeur consiste dans la conquête et dans l'étendue des terres de l'empire, au lieu de la calculer sur la justice, les mœurs, le travail, le commerce, le progrès et la liberté des Peuples.

Ne voir dans la guerre d'Orient, provoquée par le Russe, qu'un ordinaire effet de guerres passagères, serait une erreur furieuse. Le penseur porte plus loin ses appréciations. Selon nous, la guerre des Russes contre les Turcs est une insulte et une attaque contre les Peuples et les Rois. Ces actes d'hostilité flagrante sont une suite de tentatives et d'invasions des anciens Normands, continuées ou reproduites par les Normands moscovites de nos jours. L'esprit de rapine et d'incendie des Cosaques Normands de l'époque, leur soif barbare de pillage et de sang, cet affreux et féroce naturel, cet instinct tout vandale, sont les mêmes que ceux de leurs cruels ancêtres, ayant désolé l'Asie et l'Europe durant le cours des siècles, notamment l'Angleterre, l'Italie et la France. Plusieurs contrées de celle-ci portent encore le nom de Normandie, où ces anciens cannibales fixèrent leur séjour, et le siége de leurs conquêtes et de leur domination.... La paix en Europe ne peut donc être fixée que par la chûte absolue de la Russie ;.... que l'on s'arrange comme on voudra !

V.

En dernière analyse, le Russe, ce véritable buveur de sang, voudrait s'enivrer de celui de l'Europe et de la terre,.... et, dans sa sobriété sybaritique, se gorger brutalement dans le crâne des Peuples ;.... les États combinés empêcheront ces horreurs ; nous devons le remarquer encore, la perte ou la chûte de cent millions de barbares russes doit être irrévocablement jurée par cent millions d'hommes civilisés, et ce serment ou ce terrible oracle doit recevoir son accomplissement. Tout traité de paix avec la Russie serait dérisoire moralement et matériellement impossible, autant que dangereux et funeste, entièrement négatif enfin.

Si, dans sa politique, le Czar eût adopté les principes, non d'une ambition sans bornes, mais ceux des États Occidentaux, tels que la France et la Grande-Bretagne, en analogie aux institutions libres ou législatives des nations célèbres de l'antiquité, comme type remarquable des Peuples les plus heureux et les plus majestueux de la terre, il eût prouvé à l'univers qu'il comprenait le mouvement social, le progrès civilisateur, et le Génie du siècle ; que, dans l'état actuel des temps et des mœurs, toute guerre doit se borner au maintien de sa nationalité, au respect de celle d'autrui, que le mouvement des idées politiques et religieuses, les révolutions du progrès et du patriotisme se traduisent, se résument dans les relations intimes des États, la foi des traités, l'équilibre politique, la protection des sciences de l'Agriculture; la liberté, le travail et le bonheur des Peuples, enfin dans l'industrie, le commerce, et non dans la spoliation sanguinaire, la conquête et la destruction des pays et des empires....

INDICES DE DÉCADENCE EN RUSSIE.

Démoralisation entière. Obstination du gouvernement Russe. Le Czar sourd à toute relation amie, à toute combinaison d'intérêt général. Vénalité, corruption. Menaces à la propriété, d'outrage à la famille. Régime de terreur et de sang. Pillage, incendie, assassinats, impunité. Ruine du commerce sur terre et sur mer. L'Asie, l'Europe, les ports, les mers, les routes fermés à la Russie. Guerre civile et de l'Europe. Préludes du péril entier. Convulsions et déchirements. Pétersbourg et Moscou sous le péril de tomber prochainement au pouvoir des alliés. Ports et places fortes, Cronstadt, Revel, Dunabourg, Rolchesalm, Taganrog, Riga, Odessa, Astracan, Sébastopol, vaincus déjà par les soldats de la civilisation.

RÉFORME DE LA RUSSIE.

La Russie, une fois subjuguée dans la grande lutte, pourrait être transformée en plusieurs États constitutionnels, justement tributaires des puissances combinées, jusqu'à concurrence au moins de dédommagements et d'indemnités pour frais de la terrible et mémorable campagne.

Les institutions de ces divers États pourraient donc être assimilées aux institutions Anglo-Françaises, basées sur les principes du droit des gens et de la liberté des Peuples et des nations, sur des convictions de moralité, de sympathies internationales ou relations amies, sur le sentiment intime de la foi des traités, de liens mutuels sociaux, de rapports communs, enfin indispensables, comme l'entendent et le commandent l'honneur et l'humanité, surtout la voix de Dieu, qui sera perpétuellement la voix du Peuple, sa juste soif de justice et de véritable liberté.

Pour ajouter enfin à la haute opinion de ces bases générales de régénération, les institutions de ces nouveaux États devraient encore étendre ces bases à celles du sentiment religieux épuré, en harmonie avec les lois du pays, s'étendre à la propagation des sciences, du progrès des lumières et des arts civilisateurs, puisque la civilisation consiste à réduire tout en art et en dignité; c'est là, ce nous semble, ce que l'on entend de nos jours par le progrès civilisateur lui-même. Tel est le grand art de l'organisme politique ou législatif, applicable à la réforme insensible des États russes, et dont la preuve d'efficacité donnerait pour résultat, dans la nouvelle Russie, comme dans tout État bien constitué, la liberté du Peuple et la prospérité nationale. Plus de Czarisme ni de Moscovitisme dévorant en Europe, la liberté législative devenant continentale, universelle même.

RÉSUMÉ DU BIENFAIT CIVILISATEUR.

Traces de barbarie et de despotisme remplacées par les principes des mœurs sociales. Amélioration des institutions politiques et religieuses. Préjugés, superstition ou fanatisme, intolérance, proscription doivent disparaître chaque jour. Plus de persécution religieuse ni politique, plus de Parias, ni martyrs. Holocaustes, crimes, horreurs, mœurs atroces et victimaires s'évanouissent, diminuent sensiblement, comme injustes, inutiles, révoltants et impuissants à appaiser les calamités publiques ou privées, telles que l'effroi, la peste, la guerre, la faim, la soif, les maladies. L'agriculture et les lois justes brillent, les lettres et les arts fleurissent, les États prospèrent, les Peuples se donnent la main, les citoyens sont amis et frères; tous égaux par le droit et le fait, chacun ainsi se trouve heureux, étant positivement libre. Les grandes pensées, le mouvement, les lumières, les principes civilisateurs se propagent, se développent admirablement par l'influence morale des grands Peuples, par l'impulsion du génie et de la liberté.

CONCLUSION.

Notre dessein ne peut être de suivre la guerre d'Orient dans toutes ses phases. Nous avons dû seulement fixer l'attention sur la crise agitant en ce moment le monde, à propos de la grande révolution européenne, et chercher à exprimer les sympathies universelles, les sacrifices et le dévouement interventifs des alliés pour son heureux dénouement, comme résultat de la cause assurée de la civilisation et de la liberté.

S'il était permis de supposer un moment que par chances désastreuses, les Alliés, l'Europe, pussent échouer dans la lutte contre la Russie, les États de l'Europe expirante succomberaient successivement sous les coups du Colosse, tous périraient donc, jusqu'à l'Angleterre elle-même, qui, s'écroûlant, si l'on veut, la dernière, aurait tout le sentiment de son malheur, de son agonie, et l'aspect déchirant de la profondeur de sa chute. Eh quoi ! toute une série de siècles de lumières, tout un riche et splendide avenir de gloire et de grandeur, tout un cortège de peuples éteints et martyrs dans l'abime des orages?... Non ! le ciel ne le permettrait point ! le canon du patriotisme, un nerveux et sublime élan d'héroïsme ne le permettront point non plus ! éclatante et prompte justice sera faite du Russe sanguinaire... Tout présage le triomphe complet de l'Europe civilisée. Les victoires qui furent faciles aux Anglais, aux Français, à diverses époques, ne leur seront pas impossibles aujourd'hui.

Mais pour abréger le temps et les opérations dont le but et l'objet sont la chûte de l'hydre Mosco-Czariste, que faudrait-il ? Le nombre ? Non ! les ruses ? C'est la routine ;... il faudrait l'opinion publique, un énigmatique mot populaire et le nom d'un génie encore inconnu !!... Voilà tout.... Ports, places fortes, légions formidables, toutes les Russies du monde auraient existé.

Dans tous les cas, l'Europe, les États combinés ne reculeront point devant aucun sacrifice ; hommes, argent, matériel complet, tout est disponibilité, ressources de toute nature, confiance de succès. Les peuples sont prêts à tout, rien ne peut leur coûter ; en voici une preuve éclatante : il vient d'être fait en 1855 un appel à la nation d'un emprunt de 500 millions, par le gouvernement français ; résultat : le chiffre de près de trois milliards a été spontanément atteint.

Les peuples du continent ne respirent que de s'élancer à l'ennemi, résolus à ne remettre l'épée dans le fourreau qu'après la défaite de la Russie, qu'après la Pologne, la Hongrie, l'Italie régénérées, et le triomphe assuré de la cause de la civilisation et de la liberté législative.

Tout enfin permet d'espérer que les Anglo-Français, toujours les arbitres de l'Europe, seront heureux de faire dominer la cause sainte et sacrée de l'humanité, les mœurs sociales, la liberté législative, la diffusion des lumières et la paix du continent et du monde.

Les combats les plus formidables, les Grecs et les Romains triomphants des nations, arbitres des Peuples et maîtres du monde, les croisades, les descentes dans l'Inde, les temps héroïques, le renversement des plus puissants empires, les révolutions les plus étonnantes de la terre, ne sauraient être mis en parallèle avec la guerre d'Orient, ou guerre européenne, et dont le théâtre peut comprendre le Levant, la Prusse, la Pologne, l'Autriche et la Russie, où vont se dénouer probablement des drames d'éternel souvenir, pour la liberté des Peuples et le salut des États.

FIN.

www.ingramcontent.com/pod-product-compliance
Lightning Source LLC
Chambersburg PA
CBHW070524100426
42743CB00010B/1935